まんが苫米地式 01

「洗脳」営業術

苫米地英人 著
柏屋コッコ 作画

CYZO

はじめに　――「買いたい」と思わせる、まさにそれは「洗脳」です

このまんがのベースとなっている私の著書『営業は「洗脳」』は２００９年に刊行したものですが、「認知科学者がなぜ営業を？」「洗脳のための手法が営業に使えるなんて」などの話題性とともに、５万部以上の売上を記録するヒットとなりました。

同書にも書きましたが、私は学者であると同時に、ビジネスマンでもあります。１９８０年代に、三菱地所《みつびしじしょ》に勤務していたころには、アメリカのロックフェラーセンタービルの買収にもかかわり、そのご縁でデビッド・ロックフェラー氏とも交流がありました。その後も、ソフトウェア開発大手のジャストシステムの基礎研究所所長として、研究者とビジネスマンという二足のわらじを履《は》いてきましたし、今では、システムやアプリ開発を行うコグニティブリサーチラボ（ＣＲＬ）という会社のＣＥＯほか、顧問や役員として、複数の企業の経営にたずさわっています。また、近年は私の専門である認知科学を取り入れた、人材および能力開発を行うコーチング関連の事業

を、営利・非営利を問わず幅広く展開しています。

こうした事業は確実に高い利益を出しつづけていますが、実は私は、一般的にいわれる「営業」という行為はほとんどしていません。それなのに、多くの人が、私が手がける商品やサービスを求め、ときには「ストーカー」になってくれるのです。

その理由は、商品やサービスの質がいいということだけではありません。大事なのは、そのよさをお客様に十二分に認識させ、すぐに好きになってもらうことです。

価値がゼロのものを価値があるように騙《かた》って売るのは、詐欺《さぎ》的行為です。では、あなたが売りたいと思っているけれど、なかなか売れないものの価値はゼロでしょうか？　そんなはずはありません。その価値の大きさを相手にうまく伝えられていないから、相手は「買いたい」と思ってくれないのです。

「買いたい」と思わせる――それこそが営業の本質です。

それでは、どうしたらいいのか？　そのために活かせるのが、「洗脳」にも用いられる、認知科学にもとづいた数々の技術なのです。

私はかつて、オウム真理教信者の脱洗脳に成功したことで、マスコミに大きく取り上げられました。また、今日まで洗脳に関する著作を複数著《あらわ》している、自他ともに認める「洗脳の専門家」です。

『営業は「洗脳」』では、洗脳でも使われるさまざまな概念を説明しつつ、それらの技術を営業の現場でどのように活かせるのかを説明しました。さらに、コーチングの基本を踏まえて、営業職として働くビジネスパーソンが本当の意味での自己実現をなしとげるための方法も解説しました。営業マニュアル本は数あれど、こうしたアプローチのものは前代未聞だったため、大きな反響を呼んだのでしょう。

さらに本書は『営業は「洗脳」』の進化版となっています。ストーリーまんがを読みながら登場人物とともに、相手に「買いたい」と思わせるための洗脳の技術を学び、成長できるのです。結果、あなたの営業成績は飛躍的に伸び、同時にビジネスパーソンとして、いや、人としての本当の自己実現を見つけられるはずです。

多くの人が本書によって成功を収め、なりたい自分になることを期待しています。

苫米地 英人

まんが苫米地式01
「洗脳」営業術 目次

登場人物紹介

(株)シャインタスク

営業部　**栗原《くりはら》 未紀《みき》(26)**

営業成績を上げられず弱っていたが、兄の秀斗から脳科学にもとづく営業術を学び、次第に頭角を現していく。

脳科学研究者

栗原《くりはら》 秀斗《ひでと》(30)

未紀の兄で、脳科学の研究者。アメリカの大学で研究を行い、大きな成果をあげて日本へ戻ってきた。ときに厳しく接しつつ、未紀の成長を見守る。

(株)シャインタスク

大谷《おおたに》 小百合《さゆり》(62)

2代目社長。未紀を見守る。

森山《もりやま》 由衣《ゆい》(25)

ハウスクリーニング部員で、未紀の友人。

篠原《しのはら》 健次《けんじ》(55)

営業部長。部下に厳しい。

篠原《しのはら》 エリカ (26)

営業部員で、篠原部長の娘。

Prologue

お客様を「洗脳」せよ

こんにちはー!!
シャインタスクの栗原と申しまーす!!
本日はとっても便利なお掃除《そうじ》セットをお持ちしました〜!!
(株)シャインタスク 営業部
栗原《くりはら》 未紀《みき》(26)
3週間無料でお試しいただけま〜す!!
私は未紀…
営業のために生まれてきた女!!
新規の契約もお茶の子さいさいよっ
お忙しいお客様にはハウスクリーニングもございま〜す!!
だって私は…
スーパー営業ウーマンだもの!!

お掃除は
自分でできるし
道具は市販ので
十分だから
で…でも
お客様
うちは
けっこう
です
バン
ピュ〜〜…
ここも
ダメだったか…
お疲れー
お疲れ
様です
これまでは
先輩と一緒に
営業を回っていた
私だけど…
ひとりで営業する
ようになってから
全然成績が
上がらない
また部長に
怒られた…
君は毎日
何をやって
いるんだっ！

私…営業
向いてないのかな
ふわっ
ん？
この匂《にお》いは…
くんくん
栗原家 秘伝《ひでん》の
肉じゃがの匂い!?
なぜ私の部屋から
つくってもいない
肉じゃがの匂いがっ？
!!

お…お兄ちゃん!?
お帰り もうできるからな
未紀の兄 栗原《くりはら》 秀斗《ひでと》(30)
何でここにいるの!?
アメリカから帰国した
東京《こっち》で就職活動するから しばらくここに居《い》候《そうろう》する
はあ!?
また勝手な…
私の兄は6年前に突然実家を出た
アメリカに行ってくる

その後 私も実家を出て
まったく連絡を取って
いなかったのだが…
お…
おいしい…
私より
ずっと
日本で食べる
日本食は
格別だな
これまで
アメリカで
何してたの
認知心理学と
機能脳科学と
計算言語学と
分析哲学の研究
……
博士号《はくしごう》も取ったし
研究の成果を
こっちで役立て
たいと思ってさ
就職の
当ては
あるの？
なるように
なるだろ
やっぱお兄ちゃん
変なヤツ…
お前は
クリーンサービス
の会社だって？
うまく
やってるか？
うん…
カタン

どうした？
……
営業…
向いてないかも
……
なかなか成績上がらなくてさ
私 昔からどんくさいし
口もうまくないしさ…
え？
未紀…
営業は口のうまさとは関係ない
営業は一種の「洗脳」だ
目的と手段を知りさえすれば誰にでも営業はできる
な…

何 言い切っちゃってんの!!
ダン
お兄ちゃんに営業の何がわかるのよ
ガタン
ごちそうさまっ
バン
……
帰ってくるなり変なこと言って
お兄ちゃんのバカ…!
ガシャーン

あーん
無理だよ
お兄ちゃん〜
絶対に
できる!!
カラ
カラ
カラ
カラ
補助輪《ほじょりん》なしで
乗れている自分を
イメージしろ!!
無理だよ〜
ハッ
子どものころから
どんくさい私は
お兄ちゃんに
振り回されていた
あんな小さい
ころの夢を…
チュン
チュン
何だかまた
とんでもない目に
あいそうな予感が…

シャインタスク
社内研修室
突然だがこれから営業部内で特別研修を行う!!
（株）シャインタスク 営業部長
篠原《しのはら》 健次《けんじ》（55）
ザワッ
え？
け…研修!?
ある方が「たった1日の研修で飛躍的に成績を上げる」と約束してくださったのだ
現在 営業部全体の成績は伸び悩んでいる…
1日もムダにできないところだが…
あ…「ある方」というのは…？
アメリカのカーネギーメロン大学で認知科学の研究を積み
素晴らしい成果をあげて帰国された…
カチャ

栗原秀斗
先生だ
お…
お兄ちゃん!?
営業とは
お客様を「洗脳」
することです
目的と手段を知れば
絶対に営業は
できます!

Prologue
解説

「洗脳」営業術は誰にでも使える

◉営業に「向いていない」人などいない！

営業の仕事に悩む人の中には、「自分は営業に向いていない」と考える人が多くいます。特に、「私はもともと口がうまくなくて……」などの悩みをよく聞きます。

しかし、口がうまいかどうかは、営業成績と本質的な関係はありません。

そして、**「営業に向いていない」人などいません。**

もしあなたが現在、営業の仕事でうまくいっていないとしたら、それは**営業についての「本当の知識」**をもっていないためです。

この本では、その「本当の知識」をお伝えしていきます。そしてその知識を身につければ、どんな人でも営業の仕事で結果を出すことができます。

◉口がうまくても営業はうまくいかない!?

そもそも「口がうまい」人は、本当に「営業に向いている」人なのでしょうか？

いわゆる「営業トーク」がうますぎるせいで、かえってうまくいかないケースは多いと聞きます。巧《たく》みなトークでその気にさせたはいいけれど、クロージングの段階にまできて、「この話はなかったことに」と言われてしまうそうです。

その原因は、本当は買う気のない人を、そのときだけ買う気にさせてしまったことにあります。巧みな言葉で買う気にさせられたお客様は、あとで冷静に考えてみたとき、「やっぱりいらないや」と気づいてしまうわけです。

それに対して、あなたが営業の仕事についての「本当の知識」を身につけた場合、お客様は「やっぱりいらないや」とはなりません。逆に、あなたが何も言わなくても、「ぜひ売ってくれ」と追いかけてきます。

◉「催眠」ではなく「洗脳」の営業を

では、営業の仕事についての「本当の知識」とは、いったい何なのでしょうか？

それはひと言でいうならば、**営業は「洗脳」である**ということです。

「この商品こそ、私が本当に望んでいるものだ」と、お客様に心の底から思ってもらえれば、営業は成功します。そしてそのために活用できるのが、洗脳の技術です。

口のうまさで売る営業は、いってみれば**催眠《さいみん》商法**です。催眠状態に陥《おちい》らされ、いりもしない高価なものを買わされたお客様は、家に帰って家族に「こんな余計なものを買ってきて！」などと叱《しか》られると、自分でも「しまった、ひどいものを買わされてしまった」と後悔します。

催眠は実は脆弱《ぜいじゃく》です。催眠をかけた人物が目の前からいなくなるだけで違和感が生じ、そして催眠から覚めてしまったら終わりです。

これに対して、営業についての「本当の知識」をもつ人の**洗脳商法**は、寝ても覚めてもずっとつづきます。

「これこそ本当にほしかったものだ」と心の底から思い込んだお客様は、家に帰って家族に叱られても、「いや、この商品はこんなに素晴らしいんだ」と家族を説得するだけでなく、リピーターになって何度も商品を買ってくれます。ご近所に商品の素晴らしさを宣伝し、セールスをしてくれる人まで出てくるのです。

◉「洗脳」営業術は誰でも身につけられる！

「洗脳」の営業術は、誰でも身につけることができます。

どんな仕事にも、「目的」と「手段」があります。「何のためにその仕事をしているのか」という「目的」を明確に把握せず、やみくもに努力したところで、よい結果を出すことはできません。また、その「目的」を達成するための最も適した「手段」を知らなければ、余計な仕事にエネルギーと時間を費やすことになってしまいます。営業の場合も同じです。

「自分は本当はお客様に何を売っているのか」（営業の「目的」）を知れば、営業への取り組み方が根本的に変わってきます。さらに、知識と少しの練習によって確実に習得できる**「洗脳」の技術（営業の「手段」）**を、本書では紹介していきます。最先端の認知科学によって裏づけられている内容です。

ただひとつ、大事な注意点があります。「そうはいっても、やっぱり自分は営業に向いていないんじゃないか」という思いが抜けきれない状態では、本書を読み進めても効果は薄くなります。固定観念によって脳の中に知識の盲点（**スコトーマ**といいます）がつくられてしまい、新しい情報を吸収できなくなってしまうからです。

まずは、「自分は営業が苦手」「営業に向いていない」といったネガティブな思い込みを、ここですべて捨て去ってください！

そして、捨て去ることができたら、次の章へと進みましょう。

Chapter 1

何を売るか、どう売るか

何を売るのか…そしてどう売るのか
それを理解するだけで営業成績は大きくアップします
ちょっとお兄ちゃん!?
研修の間は講師と受講者だぞ
えっ、お兄ちゃんって、
研修ってどういうこと？
ひそ…
オレの理論のいい実験台になると思ってさ
そ…そんなことで私の職場に…
あのーすみません

私も研修受けさせていただきたいんですけど…
ハウスクリーニング部
森山《もりやま》 由衣《ゆい》(25)
未紀の友人
由衣ちゃん!!
未紀さん おはようございます
君はハウスクリーニング部だろ!
はい…でもお客様とお話しする機会もありますし
営業のことも知っておきたいんです
今日はたまたま非番の日なので
フン…
やる気のある人は大歓迎です
ぜひ参加してください
よろしくお願いします
こうして…

栗原秀斗による禁断の営業研修がはじまった
営業の目的は売ることです
では何を売るのでしょうか
え…
何を……？
ザワ
ザワ
はいそこの人
あ…それはまあ…
うちの会社はお掃除道具のレンタルと…あとハウスクリーニングのサービスっていうか…
なるほどよくわかりました
アウッ!!
え!?
残念ですがそんな認識では営業成績は上がりません
ザワ
ザワ
そっそんな…!!

ドキッ
あなたはどうですか？
これ…どこかで聞いたことが…
私は…
自分自身を売っています
キリッ
お客様に信頼していただくために頑張っています!!
むしろ消費者には迷惑千万《めいわくせんばん》!!
あなたを買いたいなど誰も思っていませんしそんな発想から癒着《ゆちゃく》などの不正が生じるんです
聞きかじった話を真に受けるのは危険ですね
意地悪――!!
ドヤ顔でありがとうございました
でもこれも成績は上がりません
ええっ!?
じゃあ営業は何を売るんですか？

営業部員が売るのは…
「お客様のハッピーな未来」です
!!
ご自分がものを買うときのことを思い出してみてください
お店で見つけた商品がほしくてたまらなくなるのは「商品を手に入れたハッピーな自分」のイメージができたときですよね？
ワンタッチテント
ほしいのは商品自体ではない
「商品を手に入れたときのハッピーな気持ち」なのです
そ…そうだったのか…
「お客様のハッピーな未来」のストーリーをつくって
相手を納得させられれば必ず商品は買ってもらえます!!

でも…お客様にもいろんな方がいらっしゃいますよね
「ハッピーな未来」のストーリーもひとつじゃないのでは…
その通りです！
何種類かのストーリーを用意して
相手の志向性《しこうせい》に対応しなければいけません
そのために必要なのが…
雑談です
ザワッ
雑談!?
まずは商品と関係ない雑談をして
相手の志向性を読み取り
「ハッピーな未来」のストーリーをつくってあげれば お客様は商品を求めます
雑談を制する者は…
営業を制す!!

でも…
それでは お客様の数だけ ストーリーを考え なければいけないん でしょうか？
それが ベストです
経験さえ積めば その場で判断して オーダーメイドの ストーリーを つくれるでしょう
ただ ストーリー づくりを楽にする 方法はあります
お客様を **抽象化能力**で タイプ分け するんです
抽象化 能力？
目の前の具体性に とらわれずに 思考できる能力です
この能力によって お客様を3タイプに 分類します
タイプ① 抽象化能力の高い人
タイプ② 普通の人
タイプ③ 抽象化能力の低い人
タイプ①は ものごとを大局的に 見られる人です
自分の快楽の 追求よりも
地球環境や 世界平和といったことに 興味をもちます

逆に**タイプ**③は
自分に直接
関係しないことを
考えるのが苦手で
「おいしいものを食べたい」
「お金を儲《もう》けたい」といった
即物的な欲望に忠実です
多くの人は
中間の**タイプ**②
ですが
実は**タイプ**②も
抽象化能力が高めの人と
低めの人に分類できます
つまり人間は
最終的には
抽象化能力が
高いか低いかで
2パターンに
集約される
商談の前の雑談で
このパターン分けを行い
相手に合うストーリーを
提供するのです
お兄ちゃん…
完璧《かんぺき》に板についてる
何を売るのかは
わかりました…
では どうすれば
売れるのか？
この 売る手段こそ
「洗脳」営業術の
真骨頂《しんこっちょう》…

「内部表現の書き換《か》え」です
内部表現の…書き換え!?
内部表現とはある人が認識している世界のこと
現実の世界そのものと
現実の世界
認識の世界
人間に認識される世界は同じではありません
人間は知覚と言語によって世界を変形して認識します
そして人間は自分が認識した世界のほうにリアリティを感じます
その人が認識しリアリティを感じる世界のことを
内部表現と呼ぶのです

実は営業とは
お客様の内部表現を
書き換えることです
だから私は
営業は「洗脳」だと
言っているのです
ゴクリ
そ…そんなことが
できるんですか？
人間の認識は
五感と言語の情報
からできています
情報である以上
書き換えは
可能です
お客様の
内部表現を
書き換えて
商品がほしくて
たまらない状態に
してあげましょう
ニヤリ
お兄ちゃん
ヤバいよ～

内部表現に影響を与えるためには相手の脳の入口である**モーダルチャンネル**にはたらきかけます
モーダルチャンネルとは**五感＋言語**です
6つのモーダルチャンネル
①視覚
②聴覚
③嗅覚
④味覚
⑤触覚
五感
⑥言語による入力
商品によって可能になるハッピーな世界をモーダルチャンネルに示せばいいんです
お客様は 入力されたハッピーな世界と現状とのギャップを感じてハッピーな世界に行こうとします
大変だよ〜
商品を得ることでギャップが埋まるとわかれば
何としてでも手に入れようと自分で努力してくれるのです
バイト
ハッピー!!
6つのモーダルチャンネルには 強弱があります
一般的には視覚が最も強いので実物や写真を見せるのが効果的です

商品によっては試聴・試食をすすめたり手に取ってもらったりします
言語はどうなんですか？
そう!! 問題は言語です
言語は便利ですが実感と結びつきづらく反論される危険もある
そうは言ってもさあ…
たじ たじ
言語に頼りすぎずイメージや体感で未来のハッピーを味わってもらいましょう
——こうして内部表現を書き換えられればお客様は「**商品のストーカー**」になってくれます
脳内伝達物質に**プライミング**という状態が引き起こされ
商品への期待と興奮を味わいつづけるのです
それを持続させられればお客様にリピーターになってもらえるわけです

ここまで ご質問 ありますか？
競合他社の 商品の分析は!?
価格交渉 されたときは？
せ…接待 とかは？
競合分析も 価格交渉も 不要!!
接待など もってのほか!!
ぶった斬《ぎ》った――!!
内部表現を書き換えれば 相手にとって あなたの商品は オンリーワンです 接待などしている 暇《ひま》があったら 1件でも多く営業 してください！
すっ すみません でした～
ではこれから グループワークを やってみましょう
それにしても お兄ちゃん 私のために こんな研修を…
ん？ 何か今…
思い出して きた…？

えーん
えーん
やーい まだ補助輪つけてんのか～
えーーん
お前らーっ
未紀を泣かせるなーっ
げっ 秀斗だ
あいつは何するかわかんねー
逃げろ！
大丈夫か未紀!!
うん お兄ちゃん
よーし それじゃ補助輪なしで特訓だ！
お兄ちゃんはいつも私のことを

考えてくれてた……
ではまずこちらのグループが顧客の役を……
…以上で本日の研修を終わります
パチパチパチパチ
ありがとうございました
私 大学で心理学を専攻していたので
今日の研修とっても面白かったです!!
そ…そうですか…
栗原さん
ありがとうございました
(株)シャインタスク
代表取締役社長
大谷《おおたに》 小百合《さゆり》(62)

社長！
本当に意義のある研修でした
あ…どうも
さすがアメリカでも多くの企業の研修を担当されただけのことはありますね
そうだったんだ…
さあ飲みに行きましょう ささ こっちへ
栗原さん森山さん
はっはい
先代社長が創業時から掲《かか》げたわが社のモットー「お掃除を通して心もきれいに」…
それを形にしてくれることを期待しています
カッ
カッ
…由衣ちゃん
はい？

私…
頑張ってみる
まずは雑談のためのネタ仕込み！
その日の新聞の話題を頭に入れておき…
いざ出陣!!
行ってきます

どの話題に食いついてくるかでお客様の志向性を探る!
海洋汚染問題に取り組んでいるNPOが…
あっ その話気になってたのよ〜
環境問題に興味…
抽象化能力の高い人だ!!
相手の抽象能力に応じた夢のストーリーをつくる!
弊社《へいしゃ》のハウスクリーニングにはエココースがありまして…
環境にやさしい洗剤と素材をそろえています
あら!! でも汚れ落ちは十分なの?
強さは合成洗剤ほどではありませんが…
そして…
イメージをモーダルチャンネルに示す!!
こんなキッチンの汚れもここまできれいになります
これだけ落ちれば十分ね!

このコースなら
ご家族や
ワンちゃんの体にも
安心です
本当ね…
お願い
しようかしら
内部表現を
書き換えた!!
やった!!
やった
やった!!
ただいまー
お兄ちゃん!!
今日すごかった!!
すごかった私!!

そうか…
あのねっ モーダルチャンネルにねっ 内部表現がねっ
未紀 お前の友だち…
あの子 名前 何ていったっけ
友だち… 由衣ちゃん？
由衣さん！
そう 由衣さん…
由衣さん 彼氏いるのかな？
…はあ？

Chapter 1
解説

「ハッピーな未来」を売る「洗脳」技術

◉営業は、「ハッピーな未来」を売れ！

この章では、営業の基本的な考え方を解説します。「『洗脳』としての営業」を、正しく知りましょう。本当の「目的」と「手段」を知るだけで、あなたの営業は劇的に変化します。そして、知識のない人に対して大きな差をつけることができるでしょう。

さて、**あなたは営業職として、何を売っていますか？**

こう質問すると、多くの人は、自分の扱う商品の名前や性質・性能を口にします。あるいはときどき、「私がお客様に買っていただくのは、自分自身です。私を信頼していただければ、わが社の商品も必ず買っていただけると信じています」と言う人もいます。

しかし、このような考え方をしていては、営業成績は上がりません。なぜなら、自分の会社の商品や自分自身のことばかり考えて、お客様本意の発想になっていないからです。

では、あなたは何を売っていると考えるべきなのでしょうか？　違う言い方をするならば、**営業の本当の「目的」**は何なのでしょうか？

あなたがどんな商品を扱っていようとも、お客様があなたから買いたいと思うものは、**お客様自身の「ハッピーな未来」**です。

人が本当にものを買いたくなるのは、「その商品を手に入れればハッピーになれる」と思ったときです。ある商品がほしくてたまらないとき、あなたは「その商品を手に入れてハッピーになっている未来の自分」を思い描いているはずです。人は本当は商品ではなく、「商品を手に入れたときのハッピーな気持ち」がほしいのです。

つまり、**「ハッピーな未来」を売ることこそが、営業の本当の目的**です。

◉「ハッピーな未来」のストーリーをつくれ！

あなたが**「自分の勧《すす》める商品によって『ハッピーな未来』が手に入る」というストーリー**を描き、お客様に納得させることができれば、商品は必ず売れます。

しかし、お客様といっても千差万別で、その人が求めているハッピーがどのような方向を向いているのか、その志向性がわからなければ、有効なストーリーは描けません。たとえば、ひとり暮らしで結婚する気もない人に「この自動車に乗れば、家族との楽しい休日がすごせます」などと言っても意味がないわけです。

つまり、商品を起点に考えた画一的なストーリーでは、うまくいかないのです。お客様の好み・考え方・生活パターンなどを読み取って、対応する必要があります。

そこで重要なのが**雑談**です。新規のお客様への営業の場合、いきなり営業トークから入ってはいけません。まずは商品と関係のない雑談をして、相手がどういう人でどんな夢をもっているのかを探りましょう。雑談で相手の志向性を見極め、「ハッピーな未来」のストーリーをつくれれば、営業の成功する確率は飛躍的に増大します。

そうはいっても、その場で相手の志向性を読み取りながら、ゼロからストーリーをつくっていくのは、なかなか大変です。

そこで、最初は**お客様を3つのタイプに分ける**ようにすると、そのあとのアプローチが格段にやりやすくなります。このときのタイプ分けの基準は、**抽象度**です。

◉雑談で相手の「抽象化能力」を測る

抽象度という概念の基本的な考え方を、簡単に説明します。

たとえば、隣の家に「ジョン」というブルドッグがいるとしましょう。この犬を「隣の家のジョン」として見るなら、世界に1頭しかいない、最も具体的な存在としてとらえていることになります。

ここから1段階抽象度を上げると、「ブルドッグ」になります。ブルドッグは世界中に何万匹もいます。さらに抽象度を上げていくと、「犬」になり、「哺乳類《ほにゅうるい》」になり、「動物」になり、「生物」になります。抽象度が高まるごとに、言葉の指す範囲が広くなり、含まれるものの数が多くなります。

抽象度の低い思考をする人は、狭い範囲の具体的なものに固執《こしつ》します。そしてほとんどの場合、思考の中心は自分です。これに対して抽象度の高い思考をする人は、俯《ふ》瞰《かん》的な視点をもち、広い視野でものごとを考えることができます。

雑談の際、まずはお客様の抽象化能力（どれほどの抽象度で思考するか）を測り、3つのタイプに分類しましょう。

ひとつのタイプは、**抽象化能力の高い人**。身近で即物的なものだけでなく、数学・哲学といった抽象度の高いものごとや、地球環境・世界平和などスケールの大きい話題にもリアリティを感じられる人です。

その対極のタイプが、**抽象化能力の低い人**。自分にしか興味がなく、「おいしいものが食べたい」「モテてちやほやされたい」といった即物的なことばかり考えている人です。学術的な話や社会貢献《こうけん》などの事柄は、自分には無関係だと思っています。

実はこれらのふたつのタイプは極端な例で、大多数の人は中間のタイプ、**普通の人**

【お客様のタイプを３つに分類】

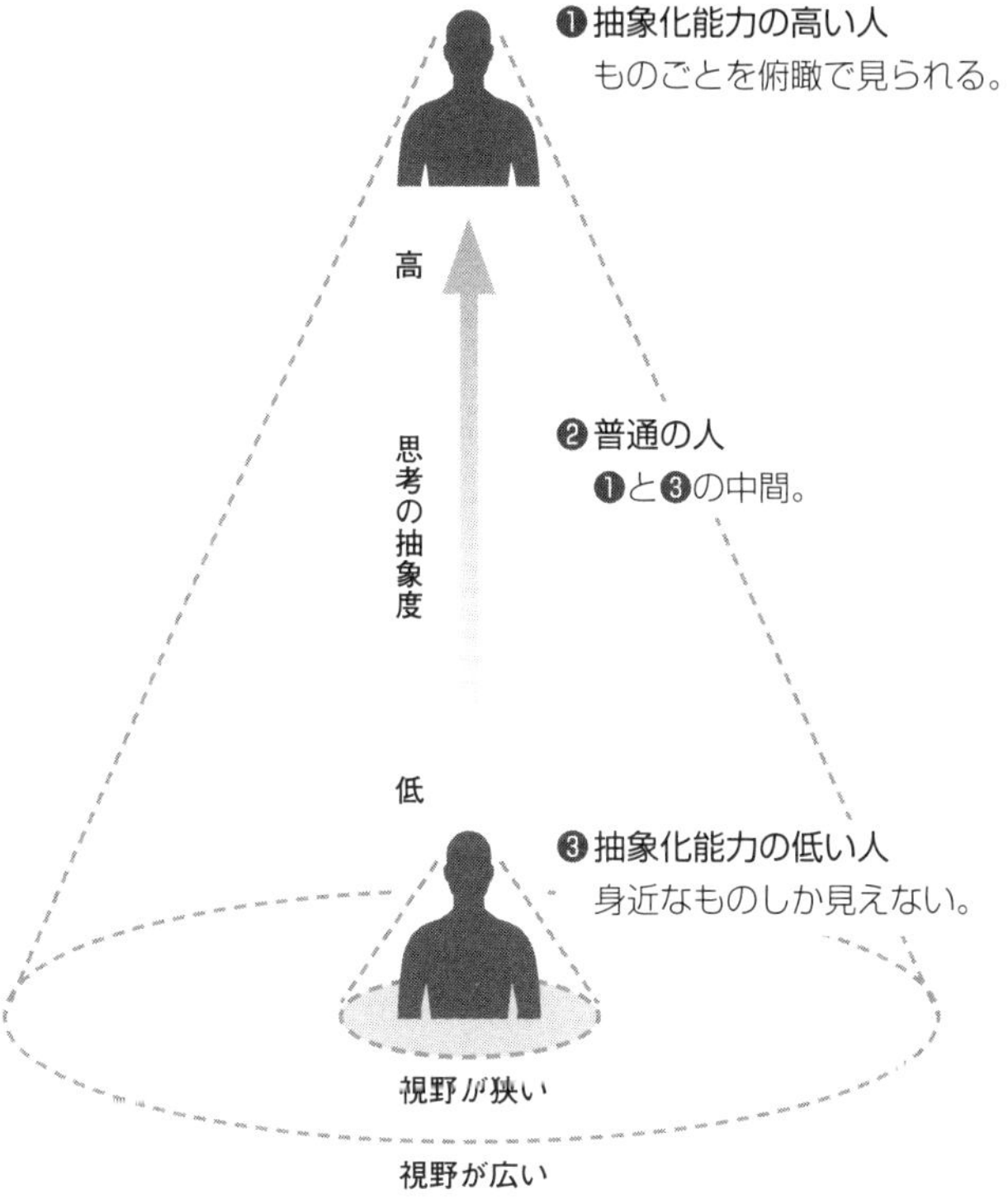

■抽象化能力の高さによってお客様を分類し、タイプに合った「ハッピーな未来」のストーリーを考えて提案する。

に分類されます。ただし普通の人も、抽象化能力の高い人に近い層と、抽象化能力の低い人に近い層に分けられます。

雑談でお客様の抽象化能力を測るには、**あらかじめ用意しておいた話の中で、どれに興味をもつかを探る**のがよいでしょう。用意しておく話は何でもよいのですが、その日の新聞の記事について話してみる方法があります。新聞の一面から政治面・経済面・社会面・スポーツ欄《らん》・テレビ欄と、ひと通り頭に入れておいて、どの話題を出したときに食いついてくるかで判断するのです。

外交・環境・世界的な大発見などの話題に乗ってくるなら、抽象化能力の高い人だと判断できます。逆に、テレビ欄や三面記事的な話題にしか乗ってこなかったり、そもそも新聞の話題に反応しない人は、抽象化能力の低い人だと考えてよいでしょう。

こうしてお客様のタイプがわかったら、**そのタイプに合ったストーリーを考えて、提供してあげればよい**のです。たとえば抽象化能力の高い人に対しては、その商品がいかに社会的に有意義であるか、地球環境保護に貢献するかなどを説明します。抽象化能力の低い人の場合は、たいてい脳幹《のうかん》にかかわる欲求（食欲や性欲など、動物的本能による欲求）、もしくは権力欲などに強いリアリティを感じますから、「この商品を使えばモテますよ」「出世につながりますよ」といったストーリーが効果的です。

ターゲットを絞《しぼ》ることも大事です。あなたの扱う商品が、即物的欲求を満たすことに特化したものであったなら、抽象化能力の高い人に売るのは難しいでしょう。「この人は抽象化能力が高すぎる」と判断したときは、早々に手を引いて、別の人にアプローチしたほうが効率的です。

●営業の「手段」は、「内部表現」の書き換え

ここまでは、「洗脳」営業術の「目的」（何を売るか）を見てきました。では、営業の「手段」（どう売るか）はどうでしょうか？

商品を売るには、お客様に「これこそ私に『ハッピーな未来』をくれるものだ」と、心の底から思ってもらわなければいけません。そのように、相手の認識を根底か

ら操作する「洗脳」技術を、**「内部表現」の書き換え**といいます。

内部表現とは何でしょうか。脳科学者が語る「脳」と、心理学者が語る「心」は、実は同じものです。機能脳科学者は、脳と心をセットで考え、内部表現と呼んでいます。これは簡単にいえば、ある人が認識している世界のことです。

人は普段、自分のまわりの物理的世界を正確に知覚し、そのまま認識していると思いがちです。物理的世界と自分の認識する世界は、同じものだと考えているわけです。しかし本当は、**物理的世界と認識された世界はイコールではない**ことが、近代以降の科学や哲学によってわかっています。

人間の脳と心の入口は五感と言語で、これらを**モーダルチャンネル**といいます。人間は6つのモーダルチャンネルを介して、物理的世界を情報化して受け取り、脳内に認識を形成します。物理的世界のすべてを情報化して受容することは不可能ですし、情報はいろいろな処理によって変形されます。**人間の認識している世界は、限られた量の、変形された情報でできている**わけです。

この認識の世界が、内部表現です。人間は物理的世界よりも、自分の認識した内部

【物理的世界と認識された世界】

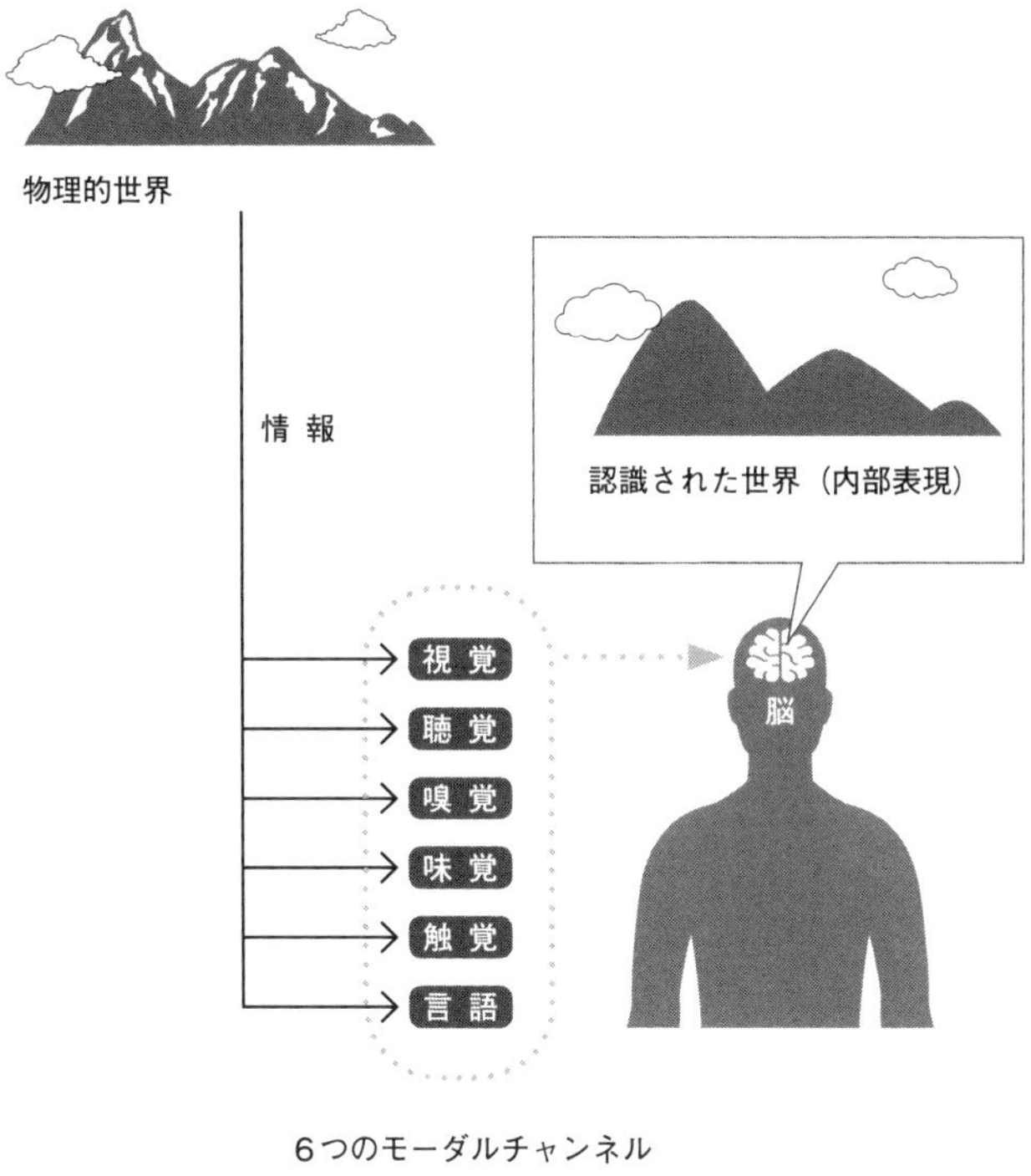

■内部表現は情報からつくられる。ゆえに、何らかの操作によって書き換えることが可能である。

表現のほうにリアリティを感じます。そして内部表現が情報でできている以上、**書き換えることも可能**です。人間の認識を何らかの操作によって書き換え、別の認識をもたせることが、「内部表現の書き換え」です。

◉「モーダルチャンネル」にはたらきかけろ！

「洗脳」営業術は、お客様のモーダルチャンネルにはたらきかけます。

まず、相手がハッピーだと感じるような世界を、自分の売りたい商品を含んだ形で構築します。そしてその世界を、相手のモーダルチャンネルに示してあげればよいのです。すると相手の無意識は、入力されたハッピーな世界と現実世界とのギャップを感じ、ハッピーな世界へ行こうと必死になります。ハッピーな世界へ行くために、あなたの商品を何としてでも買おうとしてくれるのです。

6つのモーダルチャンネルには、実は強弱があります。個人差はありますが、一般に視覚が最も強く、次は聴覚です。味覚・嗅覚・触覚は原初的な感覚ですが、人によって重要度がかなり異なってきます。

モーダルチャンネルの中でも、**言語は諸刃《もろは》の剣《つるぎ》**です。細かい情報まで伝えられて便利ではありますが、実感に訴える力は弱く、言語によって反論されてしまう可能性もあります。だからこそ試食や試聴、車の試乗会、ショールームなどがあるわけです。

利用しやすいのは写真でしょう。相手がハッピーだと感じるような写真を見せて、イメージを広げてもらいます。五感で実際にふれたほうが、「ハッピーな未来」のイメージは広がりやすいのです。

●お客様が「商品のストーカー」に

商品を手に入れてハッピーになった状態を、言葉ではなくイメージとして思い描いてもらえれば、お客様の脳の**前頭前野《ぜんとうぜんや》**に、運動をうながす**ドーパミン**という脳内物質が流れます。思考も、脳にとっては運動です。ドーパミンは、期待と興奮を呼び起こします。商品を手に入れたときの喜びを思考によって先取りし、興奮状態になるのです。この状態を**プライミング**といいます。

プライミング状態になったお客様は、商品を手に入れるための努力を、自分から積極的にするようになります。いってみれば、**商品のストーカー**になるのです。たとえ予算が足りなくてすぐには買えなくても、資金の調達法を自分で考えます。そして多くの場合、**商品のストーカーになったお客様は、リピーターになってくれます**。

「営業には、他社の競合商品の分析が不可欠」などとよくいわれていますが、お客様に商品のストーカーになってもらえたら、そんなものは不要です。「ハッピーな未来のためには、この商品が必要なんだ」と思っているお客様にとって、**あなたの商品は唯一無二のもの**であるはずだからです。また、その商品を心の底から求めていれば、**どんな価格であろうと買ってくれます**。あなたがしなければならないのは、競合分析や価格交渉ではなく、ましてや買ってもらうための接待などでもなく、「ハッピーな未来のためには絶対にこの商品が必要」というストーリーを示してあげることです。

Chapter 2

営業空間を支配する禁断のテクニック

坪内さんの契約取れたわ パパ
すごいじゃないかエリカ!!
チョ〜〜〜簡単だったわ
お前らもエリカを見習えよ
(株)シャインタスク 営業部
篠原《しのはら》 エリカ(26)
部長の娘 コネ入社の 篠原エリカ
ヒソヒソ
気が向いたときに出社し 勝手に値引きして 契約を取る
あれで未来の重役候補だって
部長は創業者の先代社長の息子
会社の株主でもあるから仕方ないけど…
戻りましたー
栗原君 どうだった?

＊洗い……入退去時の原状回復にともなう清掃

ただいまー
お兄ちゃ～ん
ん？
雑談のとき全然心を開いてくれないお客さんがいるんだけど
どうしたらいいかな～
いいか未紀
苦い経験を積み重ねていけばいつか答えが見えるときが…
由衣ちゃんの好きなスイーツショップ知りたくない？
!!
あのお店で由衣ちゃんと雑談したら楽しいだろうな～
これはマジで禁断だからな…
これが私のズルい裏技
名づけて…

ひとめぼれの技術!!
ボッ
ひとめぼれの技術？
そんな都合のいいものが？
初対面の相手に好意を抱《いだ》かせる技術だ
ジュウウ
営業だけでなく恋愛や友人関係にも応用可能だ
少し訓練が必要だがな…その原理は 脳の中の海馬《かいば》の情報処理に介入することだ
海馬ってたしか記憶をつかさどる器官だよね
そう
海馬
人間の眠りにはレム睡眠とノンレム睡眠がある
《レム睡眠》
眼球が動く
体は休息しているが
脳は覚醒《かくせい》している
ピクピク
レム睡眠の間海馬は記憶の整理をしているといわれる
《ノンレム睡眠》
眼球が動かない
脳も眠っている
ではなぜそのとき目が動くのか？

＊ＰＴＳＤ……心的外傷後ストレス障害

相手の前にいるから❸は簡単だけど…
あふっ おいしっ
難しいのは❶だろうな
どうやって相手の目を動かすの？
EMDRでは指を目の前で左右に動かす
営業の現場じゃできないよ！
相手に気づかれないようにやる必要があるな
向き合って話していると 人間は相手の目の動きに合わせて自分の目を動かしてしまうものだ
だから？

自分の目の焦点距離《しょうてんきょり》を変えて相手を誘導すればいい

① 焦点距離を合わせる
（相手の目に焦点）

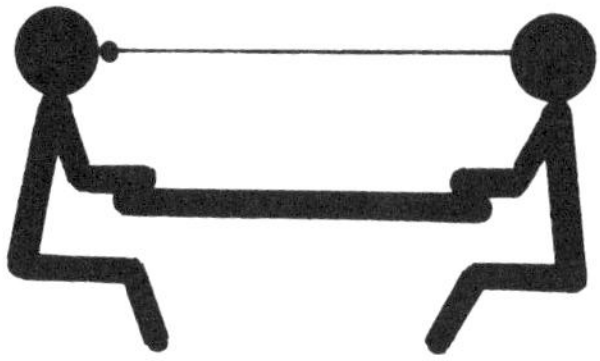

② 焦点距離を短くする
（相手の顔の手前に焦点）

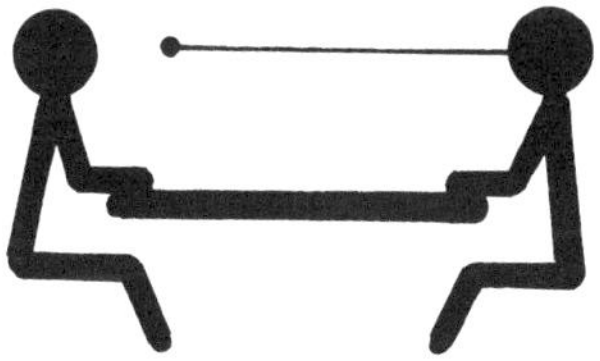

③ 焦点距離を長くする
（相手の顔の向こう側に焦点）

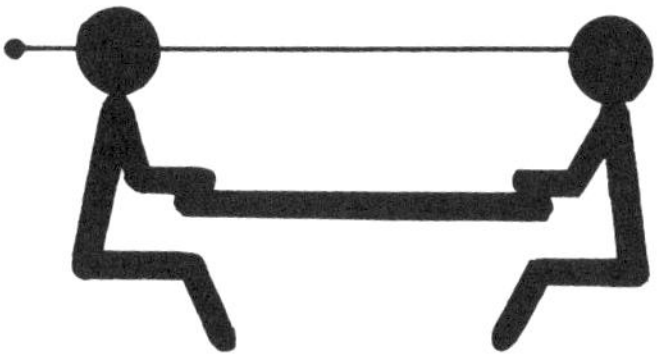

相手の目に焦点を合わせたり
相手の目がぼやけて見えるようにしたりをくり返すんだ
ぼや〜
けっこう難しい…
目の前 数十センチに出した人差し指で練習しよう
ほかには相手の
右目←両目の間←左目
と 見る箇所を変えてもいい
相手が自分の目を見ているときに一瞬手を動かしてまた戻す方法もある
人間は視界の端で動くものに目を向けてしまう
すぐ視線を戻すがこれをくり返せば相手の目を動かすことができる

この眼球運動をさせているときに
相手の好きな人を思い浮かべさせると――
ミキティは最高のアイドルですね
その人と目の前のお前が記憶の中で重なり合う!!
ミキティーーー!!
そしてお前に対して「この人好きかも」と思うようになる
すごいね…
それから…
相手が思わず受け入れてしまう声のつくり方がある
えっ 何それすごいじゃん!!

人間の脳には
話を受け入れやすい
声の周波数帯《しゅうはすうたい》がある
聞き手の声より
2～3段階
低い声だ
話の速度も
2～3段階遅く
するといい
つまり
低く遅くしゃべるのが
営業の基本だ
低く遅くが
営業の基本…
どうして？
「父親のしゃべり方
に似ている」と
無意識が感じて
安心するんだ
初対面の人の場合
雑談の間は
高めの声で話し
いざ商談となったら
低い声にしたほうが
効き目が強い
メリハリがある
ほうが 無意識への
はたらきかけが
効果的になる
ありがとう
やってみる！
で…どこの
スイーツショップ
なんだ？

東京オリンピック なんか どう 思われますか？
別に
こ…これは手ごわい
でも…負けてたまるか！
“ひとめぼれの技術《アイ・ムーヴメント》”!!
ゴオオオオオ…
“声の周波数《ダディズヴォイス》”!!
あんたといると…楽しいね
ありがとうございます――!!

お兄ちゃ～ん
ん？
商談のときさ～お客さんの内部表現をうまく書き換えられないことがあるの
失敗のくり返しが人を大人に…
由衣ちゃんの好きな男性のタイプ知りたくない？
!!
参考になると思うんだけどな～
これはマジで禁断だからな！
内部表現を書き換えやすくするには臨場感空間《りんじょうかんくうかん》を共有すればいい
臨場感空間？
人間が「身を置いている」というリアリティを実感する空間だ

お前の場合は営業の現場でお客さんとの一体感を高めればいい
そして共有した臨場感空間をお前が支配したとき
思いのままに相手の内部表現を書き換えられる!
いただきます
やり方教えて!!
第1段階はページングだ
相手と同じ速度で呼吸し同じ表情やしぐさをする
そうすることで強い親近感
ラポールが生じてくる!
ラポール?
ラポールこそ営業の最大の武器のひとつだ
また ページングの基本は相手の言ったことをオウム返しに言うこと
昨日ゴルフに行ってきたんですよ
昨日ゴルフに行かれたんですか
相手のリアリティを言葉で反復すれば臨場感空間の共有度が高まる
共有度が高まるんですか～
自然にやらないとバカにしてるみたいになるから気をつけろ
はーい

第2段階は**感覚の言語化**だ
相手が体感していることを言葉にして伝える
あの絵ステキですね
ゴ〜
エアコンの音大きいですね
ちょっと暑いですね
相手は 五感で感じていた無意識を言語で認識しモーダルチャンネルが切り替わる
切り替わると？
体が感じるリアリティからこちらの言語の世界へと臨場感が移動する
モーダルチャンネルの切り替え
①視覚 ②聴覚 ③嗅覚 ④味覚 ⑤触覚
相手の体感
← ⑥言語による入力
こちらで操作可能
つまり…私が臨場感空間を掌握《しょうあく》する！
そう！
相手のR《リアリティ》が十分にゆらいだら
第3段階**リーディング**に切り替える！

相手の身体感覚を言語で誘導するんだ
このイスに座ってるとリラックスしますね
本当ですね～
ダラ～～
この時点でお前は相手の内部表現に新しい情報を書き込んでいる!!
ここまでくれば内部表現の書き換えは楽勝だね！
ただし 空間を支配できたと思っても…
自分からは営業の話を切り出すな
え？ 私は営業に行ってるんだよ？
商品やカタログを置いといて 相手から切り出させろ!!
あのー これは？
すると相手の無意識は自分から積極的に興味をもったんだと錯覚する
そうなればトントン拍子だね！
で…由衣さんのタイプは？
玉置《たまき》浩二《こうじ》
なるほど…
どう参考にすれば…

ペーシング!!
感覚の言語化!!
リーディング!!
デレデレ
ぜひ契約してくださいよ～
ラポール生じた!!
ラポールすごいよ
ラポールを維持すればお客さんはリピーターになる
ただ ラポールはこじらせると強い憎しみに変わる
臨場感空間を定期的に更新してうまくマネジメントしろよ
はーい

志賀さんと有島さんと武者小路《むしゃのこうじ》不動産の契約 取ってきました!
すげえ〜
パパ
栗原君!
明日は津島リアルエステートに行ってくれ
津島…!!
ザワッ
営業部員が数多く玉砕《ぎょくさい》した難度S級の…
栗原さんならやってくれるわよね〜
が…頑張ります…

お兄ちゃ〜ん
ん？
すっごく気難しい人のところに行かなきゃいけないの〜
きっと臨場感空間を支配させてくれないよ——
決めてかかるなたとえ挫折しても…
今度は由衣ちゃんの何が知りたい？
……
これが最後だぞ
秘儀《ひぎ》その1 カタレプシー!!
相手と名刺交換しようとしているときに——
あれっ？
アクシデントを装《よそお》って差し出すのを止めると相手は「何だろう」と動きを止める

これがカタレプシー!
カタレプシーはR《リアリティ》のゆらぎを引き起こすっ!!
Rのゆらぎ…
動作の流れを中断させると心のスキが生まれる…そこに言葉を投げ込めば——
素晴らしい商品をお持ちしたんですよ
相手はその暗示にかかりやすい
ああ…素晴らしい商品を持ってきたんだな
そ…そんなことが…?
そうなればこっちが空間の支配者だ
そして秘儀その2
縄張《なわば》りの拡張!!

霊長類《れいちょうるい》のチンパンジーやゴリラは縄張りをもつが
実は人間にも縄張りを感じ取る能力がある
これを利用して空間を支配していることを相手の無意識に植えつけられる
やり方は単純で共有する空間の中でテリトリーを広げればいい
たとえば 相手との間に机があり真ん中に灰皿が置かれている
その灰皿をさりげなく相手側へ押しやる!
こうすることで「こちらの縄張りのほうが広いぞ」と 相手の無意識に教えることができる
カタレプシーも縄張りの拡張もさあ…わざとらしくならない?
練習せずにやると相手が怒るだろうな
食べたら特訓するぞ
ゴオオ
ひ——!!

あなたのような営業さんははじめてだ
これからどうぞよろしく!
栗原さん津島の契約取ったんですって!
不可能を可能にする女!
神がかってる
まさか本当に…
何なのあの子〜〜!
フッ

未紀さん
すご〜い！
居候のお兄ちゃんの
力を借りれば
私…スーパー営業
ウーマンになれる
かも!!
オレ
今度ここ
出るから
ええ!?
叡智大学《えいちだいがく》が
准教授《じゅんきょうじゅ》として
雇《やと》ってくれる
って

都心の超有名大学じゃん!!
職場の近くに部屋借りるよ
わ…私はまだいてもらっても…
いや
やっぱりひとり立ちが必要だ
お兄ちゃん…
で 忙しくなるからお前の会社のハウスクリーニング契約しようと思うんだけど
担当者って指名できるのかな?
由衣さんを
……

Chapter 2
解説

雑談を制し、内部表現を書き換える「裏技」

◉「ひとめぼれ」はつくれる！

この章では、雑談でお客様の志向性を探るところから、内部表現の書き換えに至り、さらにリピーターになっていただくプロセスの、具体的な方法と「裏技」を見ていきます。

まず雑談では、お客様の抽象化能力と志向性を見抜く必要があるわけですが、もし相手に心を開いてもらえなかったら、何も読み取ることができません。お客様とのファーストコンタクトでは、よい第一印象をもってもらう必要があります。

そういうときに役立つ技が、**ひとめぼれの技術**です。これはその名の通り、初対面の相手に、自分に対するひとめぼれを起こさせるテクニックです。

実は、ひとめぼれは人為的《じんい》に、簡単に起こせます。理論的には単純で、基本は**デジャヴュ現象**と同じです。

デジャヴュとは、実際には見ていないものや体験していないことを、すでに見たり体験したりしたと感じる現象です。一度も訪れたことのない場所なのに、「前にこの景色を見たことがある」と錯覚したことは、きっと誰にでもあるでしょう。

この現象は、記憶や空間学習能力にかかわる脳の器官である**海馬**の、情報処理ミスから起こります（前頭前野や視覚連合野《しかくれんごうや》も関係していますが）。現在見ている情景を、記憶の中のものだと思ってしまうのがデジャヴュです。

この海馬のミスを意図的に引き起こし、**相手の視覚野に映っている自分を、記憶の中の好ましい人物と混同させる**ことができれば、人工的なひとめぼれの完成です。営業の場合、「この人なら信頼できる」「この人の商品をぜひ買いたい」と思ってもらえます（恋愛に用いれば、「私の理想のタイプの人が現れた！」と思わせることもできます）。

◉眼球運動で記憶に介入する

では、具体的にどうすればよいのでしょうか?

ひとめぼれの技術のメカニズムを知るには、睡眠時の眼球運動を考えてもらうのがよいでしょう。

人間は10～20分程度のレム睡眠と、90分程度のノンレム睡眠を、交互にくり返しながら眠っています。レム睡眠とは、体は休息状態でありながら、脳は覚醒に近い状態で活動している睡眠です。眼球も速く動いており、「Rapid Eye Movement」（速い眼球の動き）の頭文字を取って「R《レ》EM《ム》睡眠」と呼ばれます。

レム睡眠のときには、海馬が記憶の整理をしているようです。眼球をコントロールする神経は、海馬につながる神経束の真横を通っており、海馬が情報処理を行うと、その電流が眼球運動の神経にも流れてしまいます。レム睡眠時に眼球が動くのは、**海馬のはたらきと眼球運動が連動している**ためだったのです。

実は睡眠時だけでなく覚醒時にも、記憶の想起と目の動きは、どうしても連動してしまいます。これを逆に利用して、**目を動かすことで海馬にはたらきかけ、記憶に介入するEMDR**という心理療法があります（リスクもあり、現在はあまり積極的には用いられませんが）。ひとめぼれの技術も、根本的にはこれと同じ発想です。

ひとめぼれの技術は、次のような流れになります。**まず、相手の目を動かす。相手の目が動いているときに、好感をもっている人を思い出させる。そこで、自分の顔を見せる。**

一番難しいのは、相手の目を動かすことでしょう。比較的やりやすいのは、**目の焦点距離を変える**方法です。

まずは、相手の目と目の間を見据《みす》えて、自分の目の焦点を定めます。その上で、相手の目に焦点を合わせたり、ぼやけて見えるようにしたりをくり返します。すると相手の眼球は、左右に微妙に振動しはじめるのです。

また、相手の右目、両目の間、左目というふうに見る場所を変えていく方法もあります。これをくり返すと、相手の目も左右に動くようになります。ほかには、相手が自分の目を見ているときに、一瞬手を動かし、眼球運動を誘う手法もあります。

このようにして相手の目を動かしているときに、相手が好感をもっているタイプの人物を思い浮かべさせることができれば、その人と目の前のあなたが重なり合って、相手はあなたに好意をもちます。

ちょうどよいタイミングで思い出させられるよう、**相手の好きなタイプを事前に把握しておく**ことが必要です。ここまでの雑談の中で、「好きな俳優さんはどなたですか？」などと聞いておくのもよいでしょう。

この技術の応用編として、**商品に対して直接ひとめぼれさせる**ことも可能です。「今、あなたに一番必要なものって何でしたっけ？」などと質問しておいて、相手の目を動かしているときにそれを思い浮かべさせた上で、目の前に商品の実物を置いて見せてあげるのです。そうすればお客様は、「あ、ここに一番必要なものがあったじゃないか」と思ってくれるわけです。

この技術を用いている間は、**あなた自身ができるだけハッピーな情動を抱《いだ》いているようにしてください**。あなたとお客様がともに身を置く臨場感空間（89ページ参照）の中では、同調作用が発生し、情動が相手に伝わるからです。

【ひとめぼれの技術】

脳の断面図

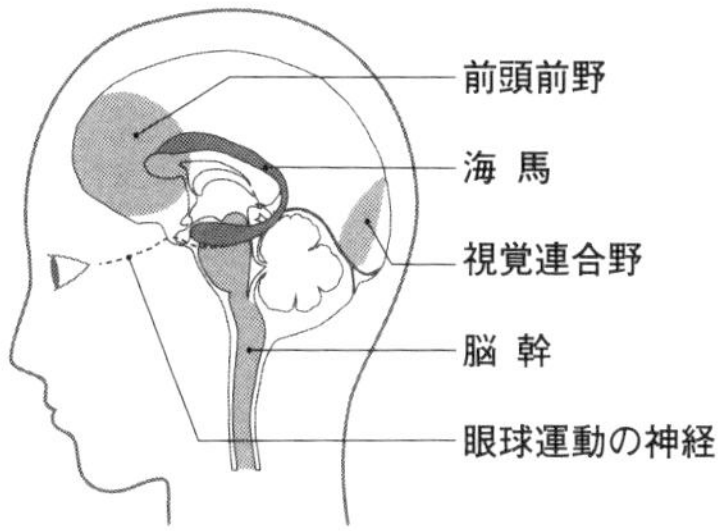

■ 眼球運動の神経にはたらきかけて、海馬のミスを誘う。

ひとめぼれの技術のやり方

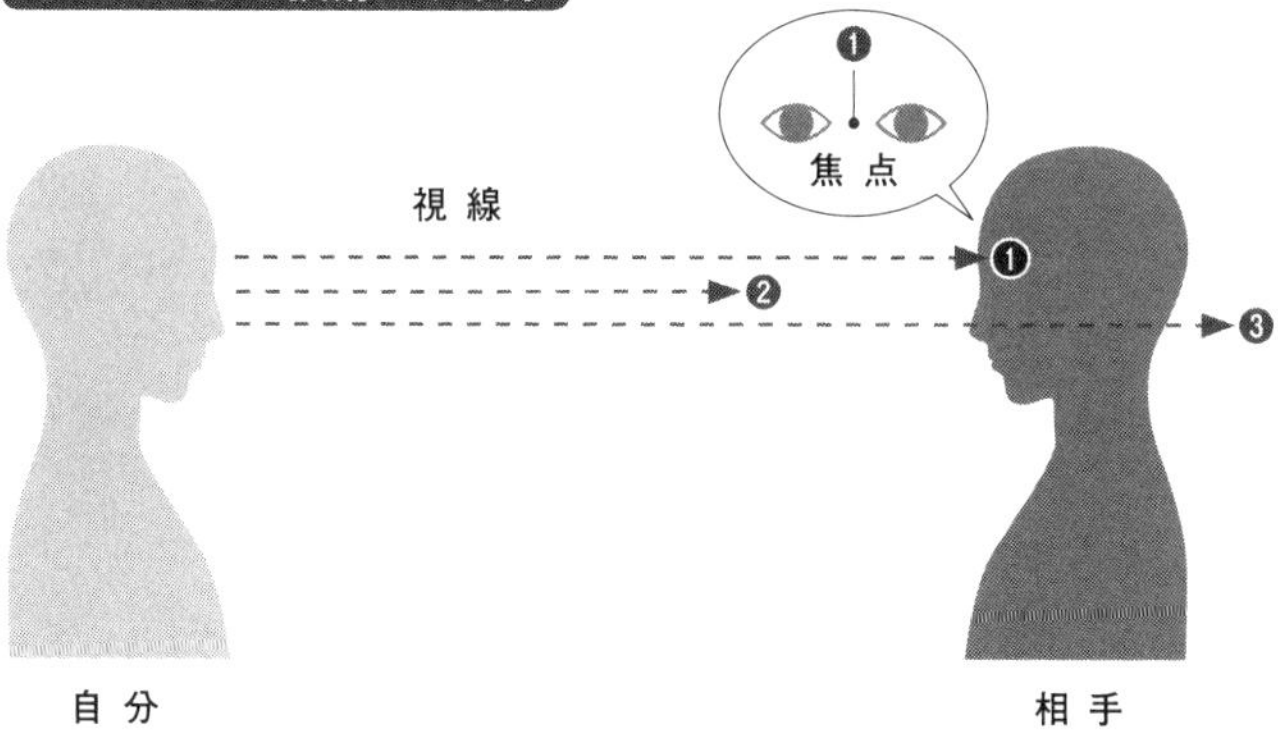

❶ 相手の目と目の間に焦点を合わせる。

❷ 相手の顔の手前に焦点を合わせる。

❸ 相手の顔の後方に焦点を合わせる。

◉お客様が思わず話を受け入れてしまう「声」の演出

雑談の時点から活用できる技術として効果抜群なのが、**声の使い方**です。これを知るだけで、お客様にあなたの話をすんなりと受け入れてもらえるようになります。

人間の脳には、話を受け入れやすい声の周波数帯があります。それは**その人（聞き手）の声よりも2~3段階低い声**です。さらに、**話の速度も2~3段階遅く**しゃべります。**低く遅くしゃべるのが、営業の話し方の基本**です。

人間の無意識は、面識の浅い人に対面しているとき、相手が攻撃者なのか守ってくれる人なのかを感じ取ろうとします。このときに低く遅く話しかけられると、無意識は父親を思い出し、安心して受け入れるようになるのです。

場合によっては、最初から低い声でしゃべるよりも、途中で低い声に切り替えたほうが効果が大きいこともあります。声にわざと段差をつくって、無意識に強くはたらきかけるのです。最初の雑談はやや高めの声でしゃべっておいて、商談のときに低い声に切り替えるのもよいでしょう。

◉「Rのゆらぎ」で臨場感空間を共有・支配する

よい第一印象を与え、雑談で心を開かせたら、いよいよお客様の内部表現に介入し、「この商品を買えばハッピーな未来が手に入る」というふうに書き換えます。そのためには、**臨場感空間を共有し支配する**ことが必要です。

臨場感空間とは、人間が現実感をともなって「身を置いている」と実感する空間です。情報空間（バーチャルな空間、思考空間）も含まれます。臨場感は英語では「vividness」で、感覚的な鮮《あざ》やかさ、生々《なまなま》しさを意味します。

営業の場合、現場でお客様とのつながりをつくり、臨場感を感じながら話を聞いてもらえれば、臨場感空間を共有できたことになります。そしてその臨場感空間をあなたが支配したとき、お客様の内部表現を書き換えることは容易です。

臨場感空間を共有・支配するには、**Rのゆらぎ**を引き起こします。「R」とはリアリティのことで、相手が物理的世界に対して感じているリアリティにゆさぶりをかけ、あなたと情報をやり取りする場としての臨場感空間に引きずり込むのです。この

Rのゆらぎは、**変性意識状態**《へんせいいしき》ともいいます。

そして、Rのゆらぎを引き起こす洗脳の技法は、難しいものではありません。

◉ペーシング・感覚の言語化・リーディングでRをゆらがせる

Rのゆらぎの第1の技法は**ペーシング**です。相手と同じペースで呼吸したり、同じ頻度《ひんど》でまばたきしたり、同じ表情や動作をしたりします。また、相手の言った言葉をオウム返しに言うのも有効です。たとえば、「そのネクタイ、いいですね」と言われたときは、「このネクタイ、いいですか」と返しましょう。相手の感じた臨場感を言葉で共有することで、同じ情報空間に身を置いていることを示すのです。

第2の技法は**感覚の言語化**です。相手の五感が無意識のうちに感じていることを、言語言葉にして伝えます。言われた瞬間に相手は、五感から受け取っていたことを、言語で認識するようになります。モーダルチャンネル（脳と心の入口）が、感覚から言語に切り替わるのです。

すると相手は、物理的世界から受け取る体感よりも、あなたの発する言語の世界のほうに、リアリティを感じはじめます。言語的な臨場感空間を共有しつつ、話者であるあなたが、そこでの支配力をもつようになるわけです。

第3の技法は**リーディング**です。これはペーシングと感覚の言語化で臨場感空間を共有してからでないと効きませんが、相手の身体感覚を言語で誘導するのです。

たとえば、呼吸を合わせて言葉をオウム返しに言い（ペーシング）、「このソファはとても座り心地がいいですね」などと言って相手のモーダルチャンネルを変え（感覚の言語化）、その上で「このソファに座っていると、肩の力が抜けて、リラックスした気分になってきました」と言います（リーディング）。すると相手の内部表現には、「リラックス」という新しい情報が書き込まれ、あなたの言った通りの状態になるのです。こうしてあなたは、共有された臨場感空間を支配することができます。

空間を支配できたと思っても、なるべく自分からは営業の話を切り出さず、商品やカタログを目の前に置き、相手から質問させましょう。すると相手の無意識は、自分

【Rのゆらぎを起こす技術】

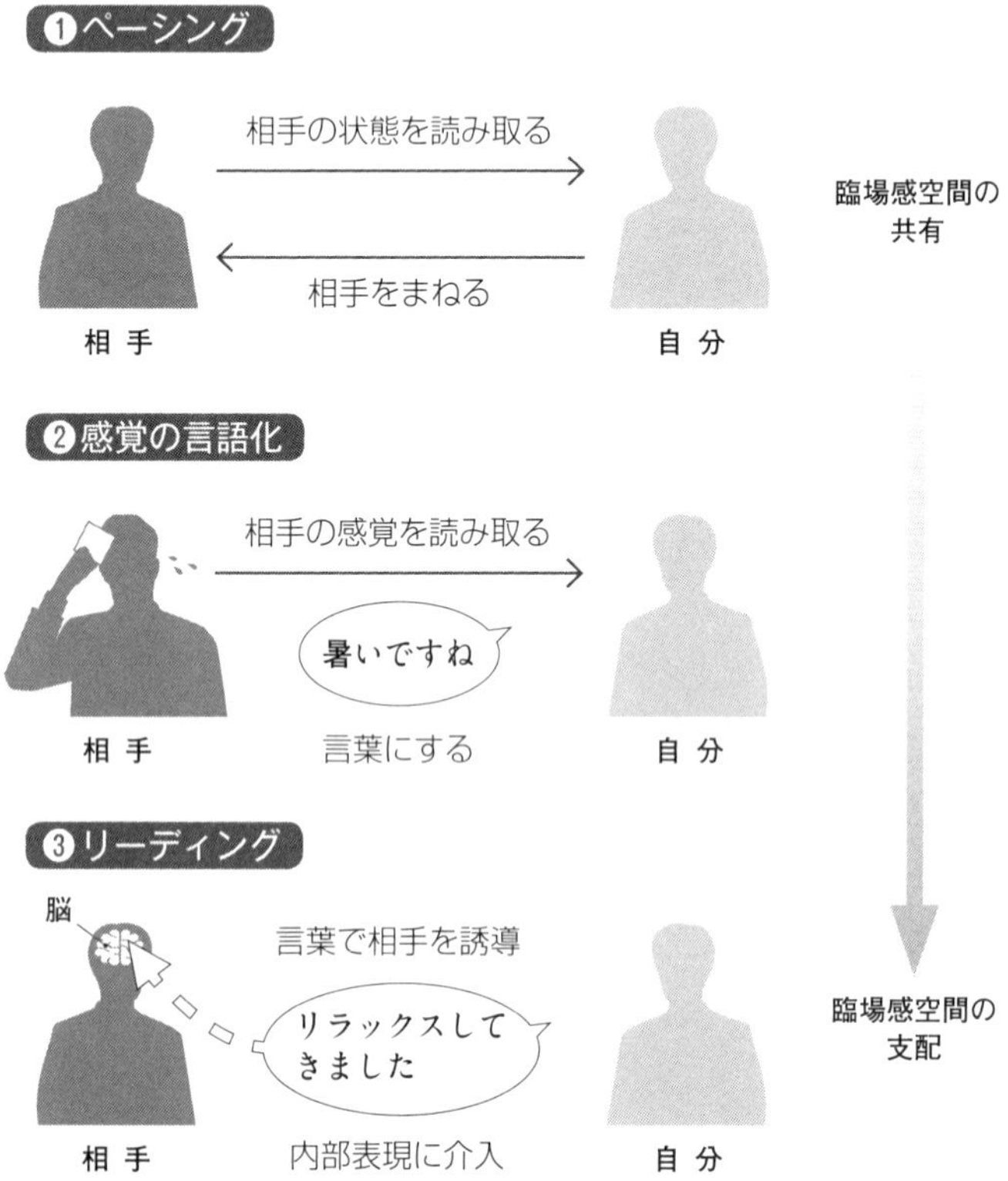

■ Rのゆらぎが起こり、臨場感空間の共有度が高まると、ラポール（独特の親近感）が発生する。

から積極的に興味をもったんだと錯覚し、心の壁を取り除いてくれるのです。

◉空間の支配権をお客様の無意識に示せ！

臨場感空間を支配したいときに使える技を、さらに紹介します。

人間の行動には、**フレーム**と呼ばれるワンセットの型があります。たとえば名刺交換では、名刺を取り出して相手に渡し、相手の名刺を受け取るという、ひとつづきのフレームがあるのです。ひとつのフレームがはじまると、それが完結するまでの間、人間はそのフレームに支配されます。人間の脳は、「一連の動作はワンセットである」と記憶し認識しているからです。

この**フレームをわざと中断させることにより、相手の心に隙《すき》をつくってやる**のが、**カタレプシー**という技術です。名刺交換の際、自分の名刺を相手が取ろうとした瞬間に、「あれっ？」などと言いながらスッと引っ込めてみるのです。

一連の流れを中断されたとき、人間の心は安定性を失い（Rのゆらぎ）、**暗示を埋め込まれやすい意識状態**になります。そこへ「どうぞリラックスしてください」とか「今日は契約をいただきますよ」といった言葉を投げかけると、相手の無意識に大きな影響を与えられます。そしてあなたが、臨場感空間の支配者になるのです。

もうひとつ、臨場感空間をあなたが支配した上で、その事実を相手の無意識に植えつける方法があります。これは比較的単純で、**共有する空間の中で自分のテリトリーを広くする**のです。

たとえば、机をはさんで話をしている場合、真ん中に灰皿が置いてあったとしたら、それを片づけるようなふりをしながら、すっと相手のほうに押しやります。こうすることで、「こちらの縄張りのほうが広いぞ」と、相手の無意識に訴えかけられるのです。これは、縄張りを感じ取る霊長類としての能力を利用した技術です。

ただこれらの技術は、練習せずに実行すると、わざとらしく見える危険性があります。不自然さが出ると、相手は警戒し、心に壁をつくってしまいます。自然に見えるようにしっかり練習して、現場ではペーシングをしたあとに行うのがよいでしょう。

【「洗脳」営業術フローチャート】

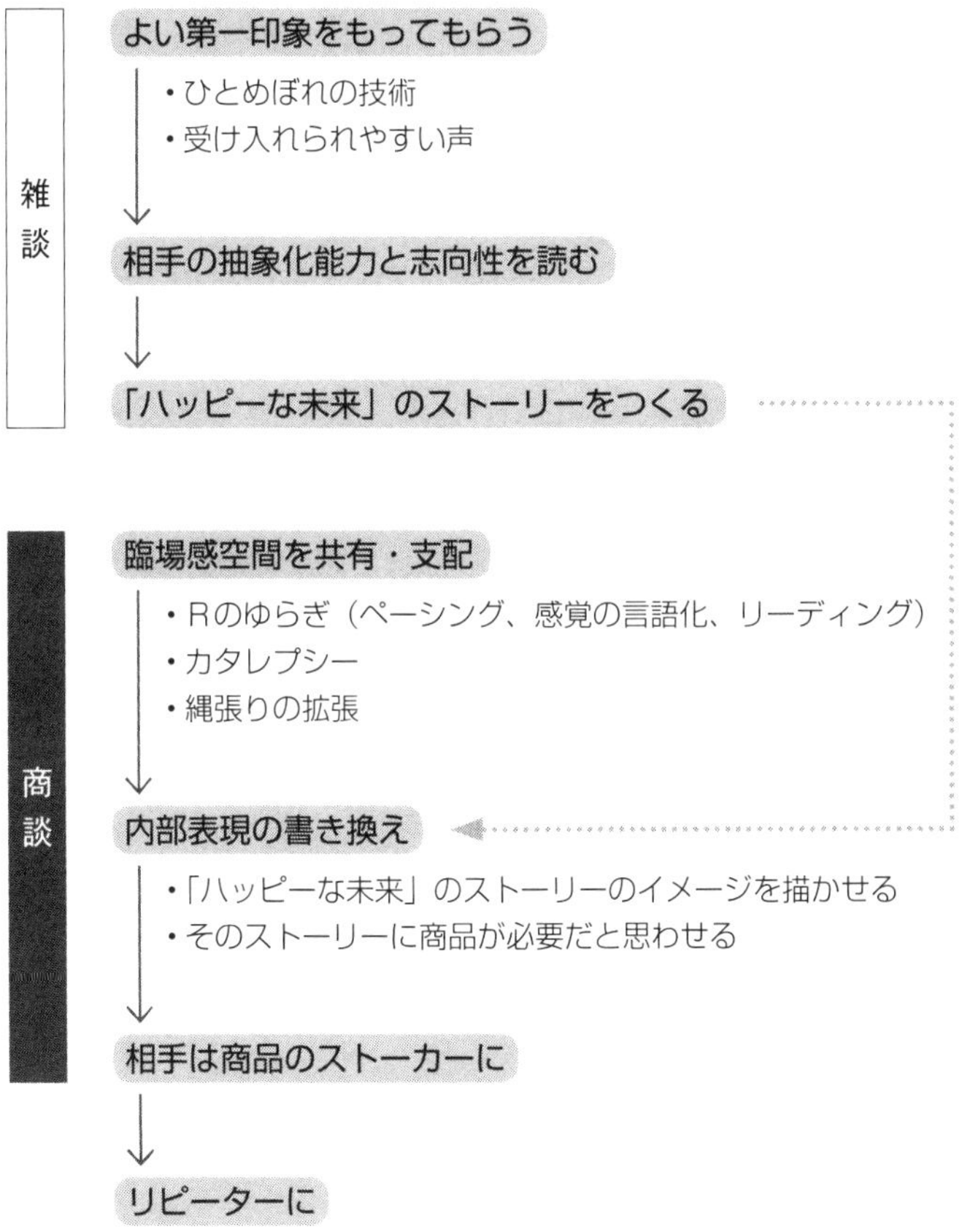

◉「ラポール」を利用して、お客様をリピーターに！

ところで、Rのゆらぎが起こり変性意識下に入った人間には、**ラポール**というものが生じます。これは**臨場感空間を共有する人たちの間で生まれる、独特の親近感**のことです。「同じ場に身を置いている」と強く感じた相手に、人は好意を抱くのです。

ラポールをうまく利用すれば、あなたの要求は通りやすくなります。もちろんそれは、営業に活用できます。実は、Rのゆらぎを起こすテクニックは、ラポールを発生させるためのテクニックなのです。特にあなたが臨場感空間を支配している間は、お客様はあなたに対し、強いラポール（**ハイパーラポール**）をもっています。

しかし支配関係が弱まると、ハイパーラポールは敵対的感情にすり替わってしまうことがあります。**お客様にリピーターになってもらう**には、この**ネガティブラポールをマネジメント**することが必要です。定期的に新しい臨場感空間をつくり出して、お客様と共有しましょう。別の商品を紹介するのも手ですし、商談の場を変えるのも有効です。そしてその新しい臨場感空間で、またあなたが支配者になってください。

Chapter 3

夢への道をふさぐ限界を打ち破れ

今年1年
お疲れ様
でした
乾杯《かんぱい》!!
カンパーーイ!!
今日は
シャインタスクの
忘年会
お兄ちゃんの
ハウスクリーニング
行ってる?
行って
ますよー
あれでも
男だから
気をつけてね
未紀さん
酔ってます?
無礼講《ぶれいこう》で
楽しい時間が
すぎていき
宴《えん》も
たけなわ――
栗原
さん
今年のあなた
本当に頑張った
わね
しゃっ 社長!?
いえっ
ありがとう
ございます!
あなたを見ていると
昔の自分を
思い出しちゃって…
そんな
もったいない

私も若いころは毎日足を棒にしてあちこち回ったわ
社長も営業出身なんですよね
ええ
先代が引退されるとき私を後継者に指名してくださって…
先代の掲げたモットーを信じて何とかやってきたけれど…
「お掃除を通して心もきれいに」ですね
そう
でもそれをどう形にするか
今の私の夢はその答えを見つけ出して先代社長にご報告することなの
……
創業者の先代社長（篠原部長のお父さん）は現在 寝たきりになっているとのこと

栗原さんの夢は何？
わ…私ですか？
あなたは何をめざしているの？
ダメよ！夢がなければ
私はそんな…
夢なんて…
!!
夢こそがあなたを輝かせるのよ！
私の夢…
ス…
スーパー営業ウーマン…
え？

……
ニコッ
スーパー営業ウーマンです
ポン
ポン
言…言ってしまった!!
いかん酔ってる
あら栗原さん

あなた
スーパーマーケットに転職なさるの？
げっ!!
一番いやな人たちに聞かれた!!
わが社では出世できなそうですしね～
社長にほめられたからって調子に乗るなよ
何カ月か前までどれだけオレに怒られてたか
君のためを思って言ってやるが分《ぶん》を越えた夢を見るとひどい目にあうぞ!!
はい…
気をつけます…
ドサッ
はあ…

私なんかがどんなに頑張っても
ちゃんと評価してもらえないんだな
スーパー営業ウーマンなんて
シャコ
シャコ
バカバカしくなっちゃった…
カチャ
ん?
誰か入ってきた!!
ど…
ミシッ
泥棒!?

パチン
ギャー
ドン
お…お兄ちゃん!?
メリークリスマス
いてて…
何してんのっ?
プレゼントを枕もとに置こうと思って
クリスマスなんてとっくに終わったじゃん

遅くなってすまん
何？これ
今度オレが出した本
お兄ちゃん本出したの!?
まあそれ読んで勉強してくれ
じゃあ帰るわ
え？
おやすみ～
バタン
その格好で帰るか？
やっぱお兄ちゃん変なヤツ
カサ…
!?
夢

ドリームキラーを撃退せよ
あなたの夢をかなえる禁断の脳科学
栗原 秀斗
天才脳科学者による
「夢」実現マニュアル
BYZO
定価 本体1,300円（税別）
ドリーム
キラー…？
パラ…
あなたのまわりには
「お前はダメだ」「お前にはできない」と言い放ち
あなたの夢の実現を邪魔する
ドリームキラー
がいます
たとえば営業部員が
会社でトップの成績を取る！
と言うと
あなたがトップなんて
無理だからあきらめろ
——こんな同僚や上司があなたのドリームキラーです

「できっこない」と言われつづけると
内部表現が書き換えられて「できない」という信念をつくってしまいます
しかし 夢を守りつづければトップ営業部員になることはできます！
ではドリームキラーから夢を守るためにはどうすればよいのでしょうか？
❶夢を他人に教えない
これは有効な方法ですが
もう知られてしまった人は手遅れです
スーパー営業ウーマン？
調子に乗るな
その場合は――
❷ドリームキラーの発言の評価を変える
お前はダメだ
本当にダメなのか？

こ…
これだ!!
それから私は年末年始
部屋にこもってお兄ちゃんの本を読み込んだ
そして
仕事はじめを迎え
また新しい気持ちで営業に臨《のぞ》んだ

横光《よこみつ》さんは成約しましたが
川端さんはもう少し考えたいと…
何〜？ ダメだったのか？ 気合を入れてかかれと言ったじゃないか
ぶったるんでんじゃないの〜？
すみません
栗原さん成績悪くないのに…
君は大事なところでまるっきりダメだな！
スーパー営業ウーマンになるなんて言ってたのにねぇ
カカカカ
ダッ
ハァハァ
ドリームキラーの発言の評価を変える！

私は…部長とエリカからボロクソに言われた
君はダメだ!
あなたには無理よ!
そのつらかった体験を思い出し…
客観的に評価し直す!
ヤツらの発言は正しいのか!?
君はダメ営業部員だ!!
私の成績は上がっています
スーパー営業ウーマンなんかなれないわよ
あなたは私をいじめてストレス発散したいだけですよね?
そんな評価に何の根拠があるの?
自分の成績が上がらなくて嫉妬《しっと》してるだけでしょ?

そして…
出来事にラベルを貼《は》る!!
ラベリング
B 煩悩《ぼんのう》 相手の煩悩だと冷静に判断できる
D 雑念 冷静に判断できず雑念が入る
T 真実 「今あるべき現在」に関係がある
nil《ニール》 値《あたい》なし 「今あるべき現在」に関係ない
あんたたちの煩悩からの発言だと冷静に判断できるからB!
ビシッ
B
うわ〜
そして あんたたちの悪口は私の「今あるべき現在」と関係ないからnil!!
nil
バシッ
キャー!!
ミ
ちくしょ〜

お疲れ様
でした
あら
お帰り？
いいご身分
だな
部長

いつも叱咤激励《しったげきれい》ありがとうございます
部長たちのご期待に応《こた》えられるよう頑張ります
件名「ご報告」
本文「お兄ちゃんの本 読んだよ」
「もうドリームキラーに凹まされたりしないよ！」
「ありがとう」

♪
件名「Re: ご報告」
お兄ちゃんからだ
本文「オレもご報告があるから
今度の週末 行く」
ご報告?
こないだ来たばっかりじゃん

そして
その週末
というわけで
オレたち
結婚するんで
未紀さん
よろしくお願い
します
え――!!??

Chapter 3
解説

ドリームキラーを排除せよ

◉「私には無理だ」と思っていませんか？

プロローグの解説で、営業に「向いていない」人などいないこと、営業に関する「本当の知識」さえ身につければ、どんな人でも結果を出せることを述べました。そしてつづくふたつの章で、その「本当の知識」をお伝えしています。

それでもまだ、営業の仕事に苦手意識をもち、自分の能力に限界を感じている人がいるかもしれません。この章では、あなたに営業部員として飛躍してもらうため、**自分の限界という無意味な壁を取り払う方法**を解説します。

自信のない人がいつも「私には無理だ」と考えてしまうのは、他人から「お前はダメだ」と否定的な評価を与えられつづけたからです。そのような自信喪失は、何らかの失敗体験自体に由来するものではありません。「お前には無理だ」という**他人からの評価が内面化され、自分で限界をつくる**ようになってしまったのです。

しかし、他人からの否定的な評価は、本当に正しいものなのでしょうか？

ある人があることを行ったとき、それが成功だったか失敗だったかは、本来誰にも判断できません。高く評価する人もいれば、低く評価する人もいるのが普通です。

たとえば、マザー・テレサを見てみましょう。「貧しい人々を救い、世界に平和をもたらすために活動した彼女は、大きな成果を上げた」と考える人もいれば、「どれだけ頑張っても、世界から貧困も戦争もなくせなかったじゃないか」と考える人もいるでしょう。そして、どちらかの意見が絶対的に正しいわけではありません。ある行為のよしあしを**客観的に判断する絶対的な評価基準など、存在しない**のです。

これがわかっていないと、他人の偏《かたよ》った基準によって「お前はダメだ」と評価されただけで、「私はダメなんだ」と思い込んでしまうことがあります。自分で限界を設定し、「私には無理だ」と夢をあきらめることになるのです。

◉ドリームキラーから自分の夢を守れ！

ものごとのよしあしを絶対的に評価することはできないにもかかわらず、あなたの行為に「ダメじゃないか」「お前にはできないんだな」などと否定的な評価を下す……。そんな人たちは、どこにでも必ずいるものです。過去にもいたはずですし、あなたの現在はそんな人たちから、大きな影響を受けているかもしれません。

そんな人たちを、**ドリームキラー**といいます。心に刻まれたドリームキラーの発言は、あなたのモチベーションを削《そ》ぎ、夢の実現を邪魔します。

では、このドリームキラーから自分の夢を守るためには、どうすればよいのでしょうか？

ひとつの方法は、**自分の夢を他人に絶対教えない**ことです。

夢を人に語ったとき、「お前にはできっこない」と言われると、その言葉があなたの内部表現を書き換えてしまいます。そして「そんな夢は私にはかなえられない」という信念がつくられます。いったんこのような限界ができてしまうと、夢を追うこと

【ドリームキラーの言葉が限界をつくる】

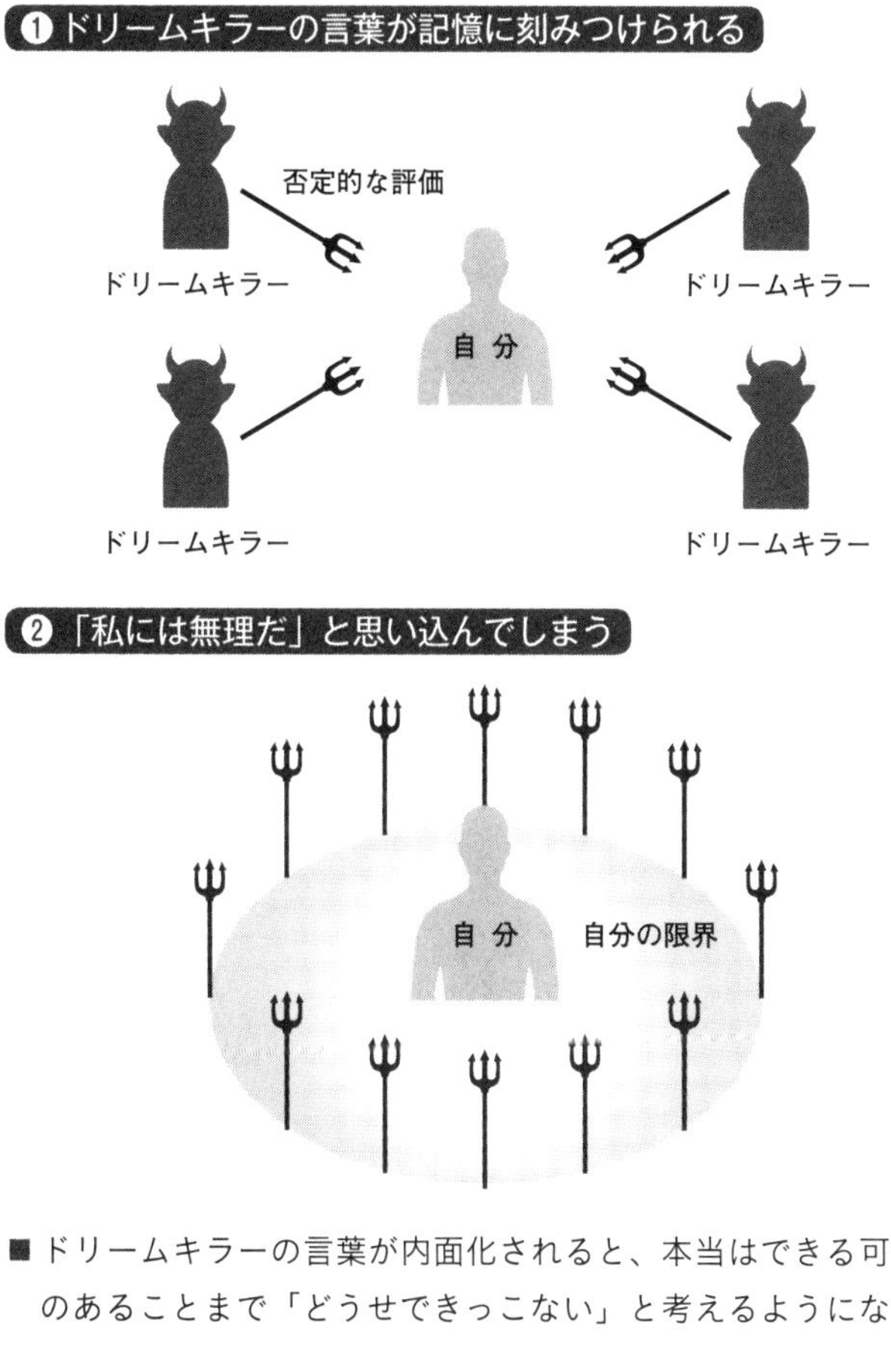

■ドリームキラーの言葉が内面化されると、本当はできる可能性のあることまで「どうせできっこない」と考えるようになる。

がバカバカしくなり、スタート地点から進めません。モチベーションを失ってしまうわけです。

しかし、夢を人に教えなければ、誰も「無理だ」と決めつけたりしません。たとえば「将来は社長になりたい」と思っても、同僚や上司にそれを言わないことが大事だというわけです。これはシンプルですが、夢の実現のためには有効な方法です。

ただしこの方式は、すでに他人に夢を教えてしまい、ボロボロに言われた過去をもつ人にとっては手遅れです。小さいころから「お前には無理だ」と言われつづけてきた人は、「これからは夢を他人に教えない」と決めたとしても、何かに挑戦しようとするたびに「私には無理だ」との思いがこみ上げてきてしまうのです。

◉ドリームキラーの発言の評価を変える

では、どうすればよいのでしょうか。

過去にドリームキラーから言われ、記憶に刻みつけられてしまった言葉自体は変えられません。しかし、**ドリームキラーの発言に対する評価を変える**ことは可能です。過去に「ダメだ」と言われたことを、本当にダメだったのかと疑ってみるのです。

たとえば小学生のころ、授業参観で元気よく手を挙げて発表したのに、言った答えが見当外れだったせいでみんなから笑われ、家に帰ったあと親から「わからないときは手を挙げちゃダメでしょ！」と言われたとします。この場合、親がドリームキラーです。素直な子どもは、この言葉を重く受け止め、人前で意見を言えない人間になってしまうかもしれません。

あなたが営業の仕事をしていて、もし自分の意思を人に伝えるのが苦手だとか、自信をもって意見を言えないだとかいうことがあるなら、子どものころ、この授業参観に似た経験をしている可能性が高いでしょう。いつの間にか、無意識が自分を制限するようになっているのです。

そこで、ネガティブな情動に結びついている経験と、そこでのドリームキラーの発言を、自分自身で改めて評価してみましょう。

授業参観の記憶に「つらかった」「苦しかった」とのイメージがこびりついているなら、その出来事を思い出し、現在の自分の視点で評価し直します。すると、「あの答えはなかなかユニークだったし、みんなもバカにしていたのではなく、面白かったから笑ったんだ。それに、積極的に発表したのはいいことだ」と思えるかもしれません。親の発言についても、「あのとき親が怒ったのは、自分で勝手に恥ずかしいと思ったからであって、私が悪かったわけじゃない」と気づくことができます。

過去の記憶そのものは消せないにしても、**いやな記憶とつながった情動を打ち消して、ドリームキラーの影響から自由になっていく**ことはできるのです。

◉親や教師に言われたことは、すべて間違いだと思え

このようなドリームキラー排除法の出発点は、**「親や教師に言われたことは、すべて間違いだと思え」**というものです。

授業参観の例もそうだったように、親や教師が子どもに言うことは多くの場合、子どものためのものではなく、自分のためのものになってしまっています。「おとなしくしてもらわないと、自分が困る」「突飛《とっぴ》なことをされると、自分が恥ずかしい」といった理由から、怒ったり注意したりしているのです。

また、本気で子どものためと思っているのだとしたら、それは親や教師が社会によって完全に洗脳された結果かもしれません。「社会に順応できる人間に育てるのがこの子のためだ」と思い込んでいるわけですが、本当のところは、社会に洗脳されていない子どものほうが、正しい可能性が高いのです。

「親や教師に言われたことは、すべて間違いかもしれない」と疑ってかからなければ、無意識に一度しみ込んだネガティブな情動は、なかなかぬぐい去れません。

「ドリームキラーが私に否定的な評価をしたのは、**ドリームキラー自身の煩悩のせいか、またはドリームキラーが何者かから洗脳されていたためだ**」と考えるトレーニングをしていくと、自分を縛りつけていた限界など、本当は実体のないものだったことがわかってきます。

◉出来事の評価を逆転する「ラベリング」

過去の出来事とドリームキラーの発言の評価を変える、具体的な方法が**ラベリング**です。ラベリングとは、ものごとにラベルを貼るという意味です。過去の出来事を思い出して、それらひとつひとつに評価のラベルを貼りつけていくのです。

ここでは、「B」「D」「T」「n·i·l」の、4種類のラベルを用います。「B」と「D」からひとつを選び、かつ、「T」と「n·i·l」からひとつを選びます。

「B」は「煩悩」のBと、社会に洗脳されているという意味での「brainwash」のBの両方を含みます。**「D」**は現在の「雑念」を表す「delusion」の「D」です。

ある出来事を、その場にいるかのように思い出したとき、ドリームキラーの発言に対して「これはドリームキラーの煩悩だ」と冷静に判断できるなら、「B」のラベルを貼ります。逆に冷静に判断できず、「いやだ」「つらい」といった現在の自分の情動が入ってきてしまうなら、「D」とラベリングします。

次に「T」と「n·i·l」ですが、これは**「現在あるべき自分」との関係で判断**しま

【過去の出来事へのラベリング】

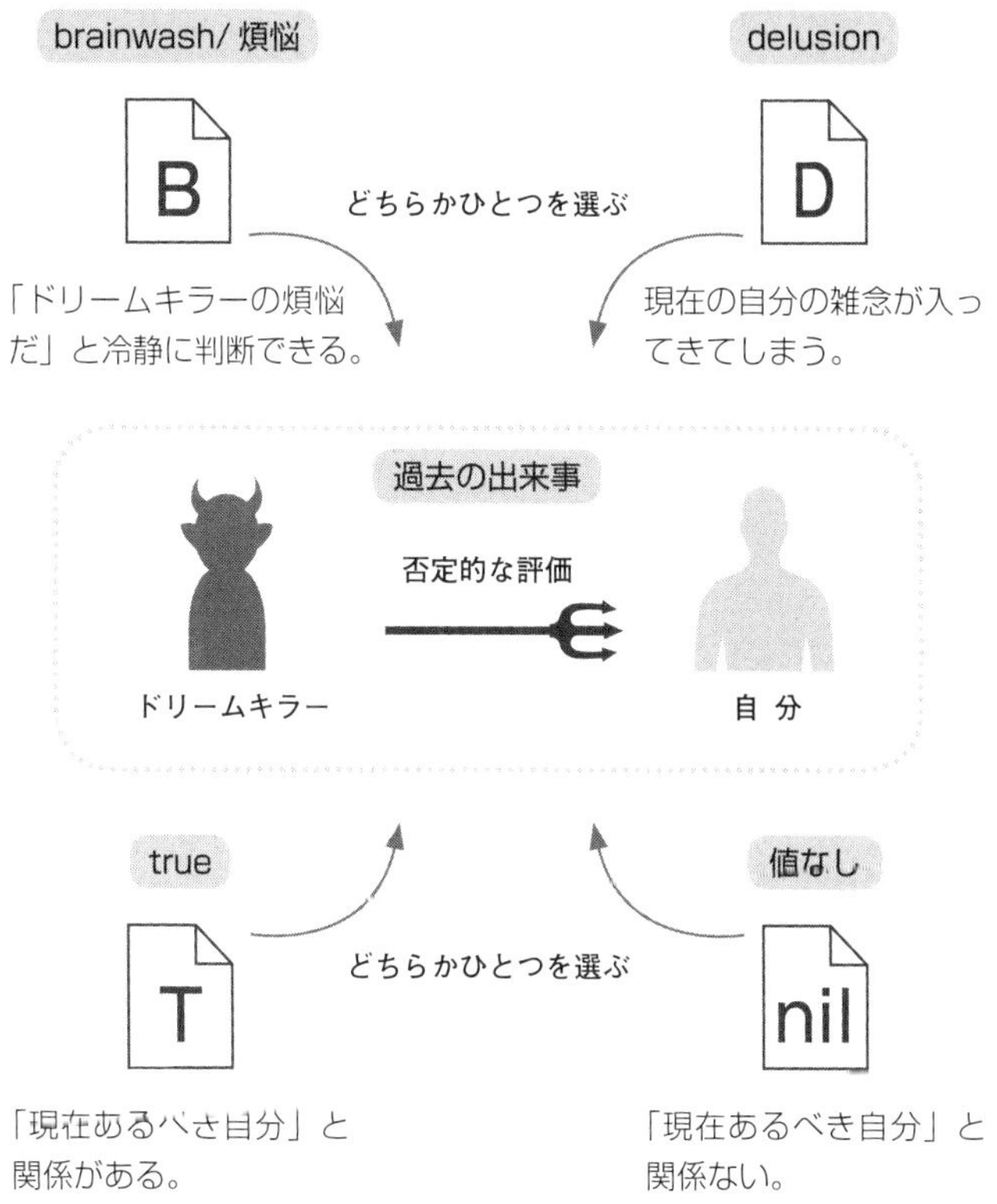

■過去の出来事にラベリングすることで、抑圧されてきた記憶を意識化し、自分にかけられていた洗脳を解くことができる。

す。**「T」**は「true」のTで、「現在あるべき自分」と関係のある出来事ならこちらをラベリングします。**「nil」**は「値がない」という意味で、「現在あるべき自分」と関係ない出来事ならこちらを貼ります。

ここでは「現在あるべき自分」を、とりあえず「営業成績抜群の自分」としておきましょう。先ほどの授業参観の出来事の記憶が、「営業成績抜群の自分」の実現を妨《さまた》げていると判断するなら、「T」のラベルを貼ることになります。

このようなラベリングをくり返すことで、ドリームキラーから植えつけられた**夢の阻害《そがい》要因を消す**ことができます。個々のラベリングが本当に客観的に正しいかどうかは、あまり重要ではありません。冷静にラベルを貼れるかどうかが大事なのです。

ラベリングによって**過去の出来事に対する評価が変わる**と、自分にとっての出来事の重要度が変わり、あなたの自我が変わります。なぜなら人間の自我とは、出来事の重要度を決める評価関数だからです。あなたはドリームキラーの呪縛《じゅばく》から自由になり、「これは苦手だ」「私には無理だ」と勝手に思い込んでいた限界がなくなります。

そうして、新しい目標が見えてくるのです。

Chapter 4

モチベーションを上げて自分を高める

さらに数カ月が経過――
私は新人の子を任されて一緒に営業を回るようになった
えーと次の信号を渡って…
はじめての営業先ですね
緊張してる？
どんな相手かもわからないじゃないですか
できるだけリラックスしてね
栗原さん…新規開拓営業得意なんですか？
まさか！
（株）シャインタスク
営業部 新人
坂下《さかした》 裕子《ゆうこ》（22）

断られる率も高いし
新規開拓が本当に楽しい人なんていないいんじゃない？
ですよね～
人間には**ホメオスタシス同調**っていうのがあってね
体と外部環境はたがいに情報を更新し合って同調しているの
でも 環境が少し変わるたびに同調するのはリスクをともなう
同調
情報
情報
自分
ほかの人
ほかの人との間でも同調が起こる
体がついていきませんよね
このリスクを回避するために人間には
現状維持《げんじょういじ》の本能が備わってるんだよ
現状維持の本能？

新しい環境にホメオスタシス同調しなきゃいけない状況を
できるだけ避けようとする本能…
って感じかな
新規開拓営業では新しい場所で知らない人と会わなきゃいけないよね
これはホメオスタシス同調のリスクが生じる仕事なの
だから新規開拓をおっくうに感じるのは 本能的に仕方ないんだよ
はあ〜
げっ行きすぎた
遅れちゃいますよ
急げ——‼

2時間後――
けっこう好感触でしたね
ホッとしたよ
栗原さんやっぱり新規開拓得意そうですけど
そんなことないって
栗原さんには現状維持の本能がないんですか？
私だって人間だよ！
本能はあってもコントロールすることはできるってこと
どうするんですか？
奥義《おうぎ》その1…

抽象思考を利用する！
たとえば台東区で営業していた人が
雷門
港区の担当に配置換えされました
はあ
知らない場所だから緊張したり萎縮《いしゅく》したりしやすいよね
現状維持の本能がリスクを感知しているわけですね
でもここでこう考えるの
台東区も港区も同じ東京じゃないか！
え？

地名を抽象度で整理するとこうなるよね
抽象的
日本
埼玉県
東京都
神奈川県
台東区
港区
具体的
具体的なものだけ見ていると台東区と港区はまったく違うけど
抽象度を上げて考えれば「同じ東京都」
だったら新しい営業エリアもよく知っている場所と大した違いはない
初対面のお客さんも
友だちと同じ人間だ
なるほど…
こう抽象思考すればいいわけ
そうすればムダに緊張しないですむと
そう!!
そして奥義その2…

マイ・インセンティブ!!
迫力すごいですね
自分へのご褒美《ほうび》を決めてプライミング（期待と興奮）をはたらかせるの
契約が取れたらうな重の松!!
ほしかったギターを買う
いやいや…
お兄ちゃんの本に書いてたからな…
営業成績を上げるという会社の論理を自分の自己実現の論理に変換するわけ
さすが栗原さんですね！
ちなみにお兄ちゃんは
ドリームキラーを撃退せ
なたの夢をかなえる禁断の脳科学

由衣ちゃんと
電撃入籍して
一緒に暮らしています
私もちょくちょく
遊びに行っていた
のですが…
お兄ちゃん
こないだ
営業で
さあ…
未紀
オレは由衣さんとの
新婚生活を
邪魔されたく
ないんだ
秀斗
さんっ!!
ひどく
ない!?
今後
営業の相談は
これまでの
100分の1
にしろ
え!?
だいたいのことは
本に書いてある
よく読んで
自分で考えろ
……

憎たらしい言い方に 腹も立ったものの…
じゃあねー
お兄ちゃんに頼らず自立しろってことかな
ドリームキラーを撃退せよ
あなたの夢をかなえる禁断の脳科学
天才脳科学者による「夢」実現マニュアル
BYZO
本ももらってるし…
自分で頑張ってみるか!!
それ以来 私はお兄ちゃんの理論を自力で実践している
君は毎日何をやっているんだっ!
ビクッ

す…すみません
うちのエリカを見ろ!!
最近は伸び悩んでいるけど
パパ
(株)シャインタスク 営業部
末紀の1年後輩
早川《はやかわ》 俊哉《としや》(26)
それにしても君の成績は何だ!!
まったく…君は営業 向いてないいんじゃないのか?
……
CAFE
HAPPY DOLL
どどんっ

いやなことはパフェ食べて忘れましょう!
あと今日は愚痴《ぐち》もぶっちゃけ合っちゃいましょうよ!!
何か 気をつかってもらっちゃって…
私 入社した瞬間からあの部長 ヤなヤツって思ってたんですよ~
パクパク
ぶっちゃけすぎじゃないかい?
気にしすぎないほうがいいよ
私も去年 ひとりで回りはじめたころ怒鳴られまくってたよ
……
モチベーションが…
上がらなくて

とりあえず…
部長に怒られないように必死にやってるんですけど…
……
早川君には目標ってある？
え？
目標があってこそのモチベーションじゃない？
たとえば…
ナンバー1営業部員とかはどうかな？
!?
なっ何言ってるんですか！
モチベーションを上げる方法は実は簡単なの
「目標となる未来から逆算して
現在あるべき自分をリアルに想像すること」

逆算…？
たとえば「1年後にナンバー1営業部員になる」との目標から逆算したら
今すでにトップ5くらいに入ってる必要があるよね
そこでこう思い込むの
今すでに僕はトップ5の営業部員だ!!
すると無意識は――
脳
あれ…でも実際にはトップ5じゃないじゃん
それでどうなるかというと――
すぐにトップ5に入らなきゃ!!
脳
無意識が必死に営業成績を上げようとしはじめる!!
そ…そんなことが!?

人間には **コンフォートゾーン** っていうものがあるの
「自分はこういう人間だ」という自己評価と結びついた領域…
その領域に身を置いていれば楽に自然でいられるから…
無意識は自分をコンフォートゾーンに置いておこうとする
高
不快
このあたりがちょうどいい!
コンフォートゾーン
不快
低
「今すでにトップ5だ」とリアルにイメージできれば
それがコンフォートゾーンになって 無意識はそこへ向かうの
それで自然とやる気も出てくると…
目標は高くもったほうが無意識の力も強くはたらくよ!
僕でも…
できるでしょうか?

営業は「洗脳」だよ
早川君も自分自身をポジティブに洗脳しなよ!
…やってみます!
ところで栗原さんの目標って何ですか?
わ…私は…
スーパー営業ウーマン…
えーっ
そんなの もうなってるじゃないですか!!
すごいなー栗原さんは
私もまず目標立ててみます
…そうなの?
私 本当にもう…
目標クリアしちゃったの?

そして――
栗原家
森山家
披露宴会場
お兄ちゃんと由衣ちゃんが
結婚式を挙げた
受付
ああ…
夢みたい…
お兄ちゃんと
私の友だちが
結婚式してる
ギュイ～ン
ギュイ～～ン
パチパチパチ
何？ この
余興《よきょう》…

その3次会
由衣ちゃん お兄ちゃんを くれぐれもよろしく お願いします
お前 酔ってるな
お兄ちゃんは… だいぶ変な ヤツだけど
でも頼りには なるから
どんくさい 私のこと ずっと助けてきて くれたから
お兄ちゃん 私はもう 大丈夫だから
これからは 由衣ちゃんを 助けてあげるん だよ
言われ なくても そうするよ
ちょっと風に 吹かれてくる
何だあいつ
女心ですよ

女心？
……
未紀さんは秀斗さんのことが大好きなんですよ
えーん えーん
大丈夫か未紀！
うん お兄ちゃん
よーし それじゃ補助輪なしで特訓だ！
未紀

大丈夫か？
お兄ちゃん
うん
今日は ありがとうな
……
私のほうこそ ありがとう
お兄ちゃんの おかげで 私 毎日楽しいよ
え？
お兄ちゃんが 帰ってくる前は 自信もてなかった けど…
今は営業の 仕事が楽しいし… 目標も達成 できたの
だから…
ありが とう

……
未紀…
お前は今のままで満足なのか？
……

Chapter 4
解説

営業部員のための脳科学的自己開発法

◉新規開拓への苦手意識は、本能のはたらきだった！

この章では、最新の認知科学と科学的コーチング理論にもとづいて、営業の仕事にやる気を出すためのモチベーションアップの方法を紹介します。

営業の仕事にもさまざまな内容がありますが、特に苦手な人が多いのは、新しい顧客を獲得しようとする新規開拓営業ではないでしょうか。

「いや、私は新規開拓が楽しくて仕方がない」という人も中にはいるかもしれませんが、その大部分は、会社や上司から洗脳されて「新規開拓営業は楽しいものだ」と思い込まされている可能性があります。

なぜかというと、新規開拓営業は本質的に、人間の**現状（ステータス・クオ）維持の本能**に抵触《ていしょく》するものだからです。

そもそも生物には、**ホメオスタシス同調**という機能が備わっています。ホメオスタシス同調とは、身体と外部環境（ほかの個体を含む）とが連動して、互いに情報を更新し合う機能です。たとえば、同じ部屋に住む女性の生理周期が似通ってくる例が報告されていますが、これもホメオスタシス同調によるものです。

ある人の置かれている環境が変わったとき、ホメオスタシス同調が起こり、新しい環境に同調しようとします。しかし、環境が頻繁《ひんぱん》に変わりつづける場合、その都度《つど》環境に合わせて身体の内部を変えていては、身がもたなくなります。このリスクを回避するため、できるだけ現状維持をしようという本能が人間にはあるのです。

ここで新規開拓営業について考えてみましょう。新規開拓では毎日、新しい場所に出かけなければいけません。また、知らない人と会って新たな人間関係をつくりつづける必要もあります。物理的な意味でも情報的な意味でも、リスクをともなう仕事なのです。

【ホメオスタシス同調と現状維持の本能】

ホメオスタシス同調

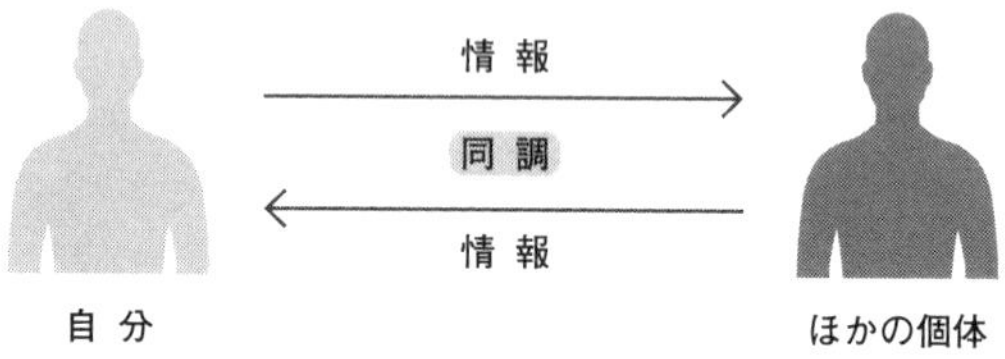

現状維持の本能

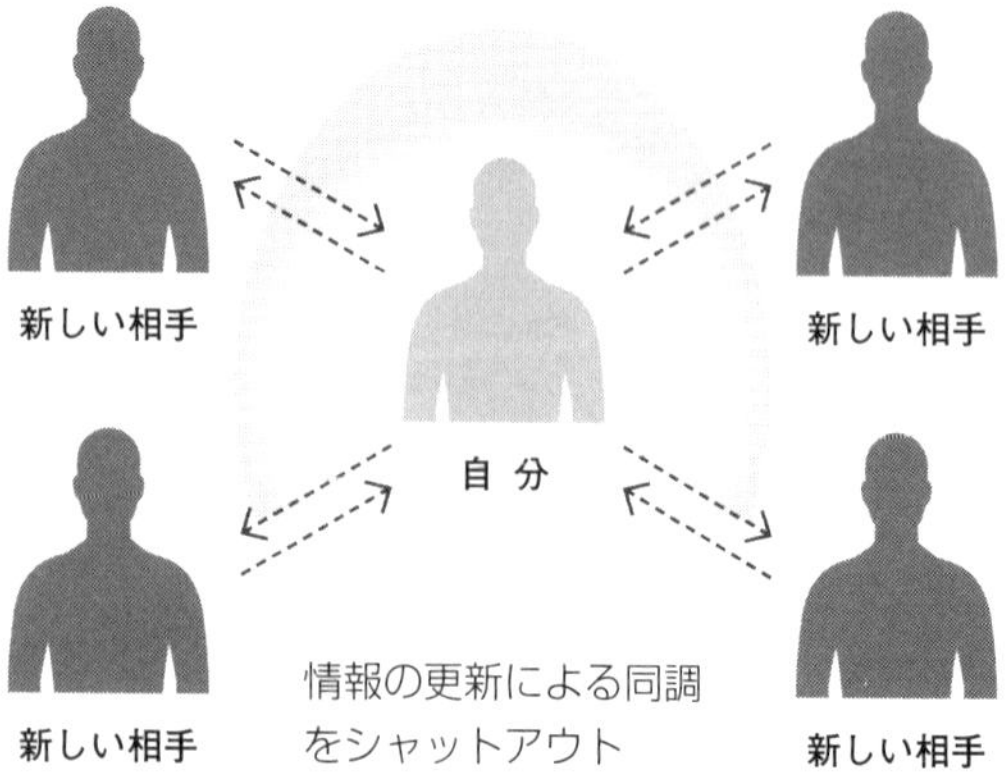

■ 頻繁に新しい相手と同調することにはリスクがあるため、現状維持の本能がはたらく。

ですからここで自動的に、現状維持の本能がはたらきます。新規開拓のためのアポイントを取ったり知らない人と会ったりするのがおっくうなのは、ある意味、本能の正常なはたらきだといえるのです。

◉現状維持の本能をコントロールするふたつの方法

しかし、人間は、動物としての本能をある程度コントロールできる生きものです。現状維持の本能をコントロールし、新規開拓営業へのモチベーションを上げる方法がふたつあります。

ひとつは、**思考の抽象度を上げる**方法です。脳の前頭前野をはたらかせて、「新しい場所や人間関係でも、抽象度を高めれば、これまで知っているものと同じだ」と考えるのです。そのような抽象思考が身につけば、知らない場所へ行って初対面の人に会うことを、過度に恐れないですみます。

サッカーにはホーム&アウェイ方式というものがあり、自分のホームグラウンドと相手のホームグラウンドの両方で試合をします。サッカーではホームで試合をするチームのほうが有利なのが経験的に明らかであるため（このことにも現状維持の本能が関係しています）、バランスを取っているのです。

しかしまれに、アウェイでもパフォーマンスを落とさずによいプレーができる選手がいます。そういう人は、「どこで試合をしようと、同じサッカー場じゃないか」と、ひとつ高い抽象度で思考してイメージトレーニングをしているのです。

同じように営業でも、知らない場所に行ったり知らない人に会ったりするときに、脳内で抽象思考を行って、「同じ日本じゃないか」「同じ人間じゃないか」と考えればよいのです。そしてそのことを、自分の無意識にまでしっかりと落とし込めば、緊張して萎縮することを避けられます。また、アウェイの場所を脳内でイメージし、何度も体験して慣れておく**メンタル・リハーサル**も、同じ効果を生みます。

現状維持の本能をコントロールするもうひとつの方法は、**プライミング**（58ページ参照）をはたらかせることです。

会社側で給料アップやボーナス、出世といった「ご褒美」を用意していることも多いですが、それがない場合は、自分で自分にインセンティブを設定し、期待と興奮を高めるしかありません。

内容は、「大口の契約が取れたら、ほしかったDVDを買おう」など、何でもかまいません。自分にとって何が一番うれしいかを考え、それと結びつけましょう。「営業成績を上げる」という会社の論理にもとづく行動を、「自分のため」の論理に変換するのです。

◉ゴール設定とイメージで、モチベーションは爆発的に高まる!!

次に、仕事全般へのモチベーションを劇的に高め、結果を出すための方法を解説します。営業に限らず、どんな仕事にも応用可能な内容を含んでいます。

これは科学的コーチング理論にもとづいた、無意識にはたらきかける方法で、やり方はきわめて簡単です。

まず**高い目標を設定**します。そして**「その目標を達成している未来」から逆算して、「現在あるべき自分」をリアルに想像**します。これだけです。

たとえば、「1年後には全社内のトップ営業部員になる」と目標を設定します。するとそこから逆算して、「現在あるべき自分」がある程度決まってくるはずです。「1年後に全社内トップになるような人は、現在すでに支店のトップになっていなければならない」といったことです。

ここで、「自分は現在、すでに支店のトップ営業部員だ」と、できるだけリアルかつ詳細にイメージし、真面目に思い込んでください。すると無意識は、「あれ、でも実際には支店トップじゃないじゃないか」と感じ、すぐに支店トップ営業部員になるような方向に動き出します。

いわば、無意識まで含めたマインド全体のモチベーションが、爆発的に高まった状態です。そして、意識的な努力や意志の力だけではなしとげられないようなことも、無意識の強い力が達成してくれるのです。

◉創造的無意識によってパフォーマンスが上がるメカニズム

人間の無意識によるモチベーションは、サーモスタットと似ています。

サーモスタットとは、自動で室温調整をする装置です。ある温度を設定しておくと、室温を感知して、設定温度に近づけてくれます。たとえば26度に設定した場合、室温が10度のときは暖房になって、26度に近づけるのです。

ただ、25・9度で暖房になったり、26・1度で冷房になったりしていては、切り替えが頻繁すぎてサーモスタットは壊れてしまいます。たいてい設定温度プラスマイナス3度ほどの幅をもたせて、その中では何もしないか、送風だけを行います。

このプラスマイナス3度の範囲を**コンフォートゾーン**と呼びます。設定された温度に近い、快適な範囲ということです。

ここで、設定温度が「現在あるべき自分」、室温が「自分の実際の現状」だと考えてみてください。無意識のサーモスタットが26度付近をコンフォートゾーンとするように設定されていれば、「自分の実際の現状」が10度のときには暖房を強力に効かせ

【自分を洗脳するモチベーションアップ法】

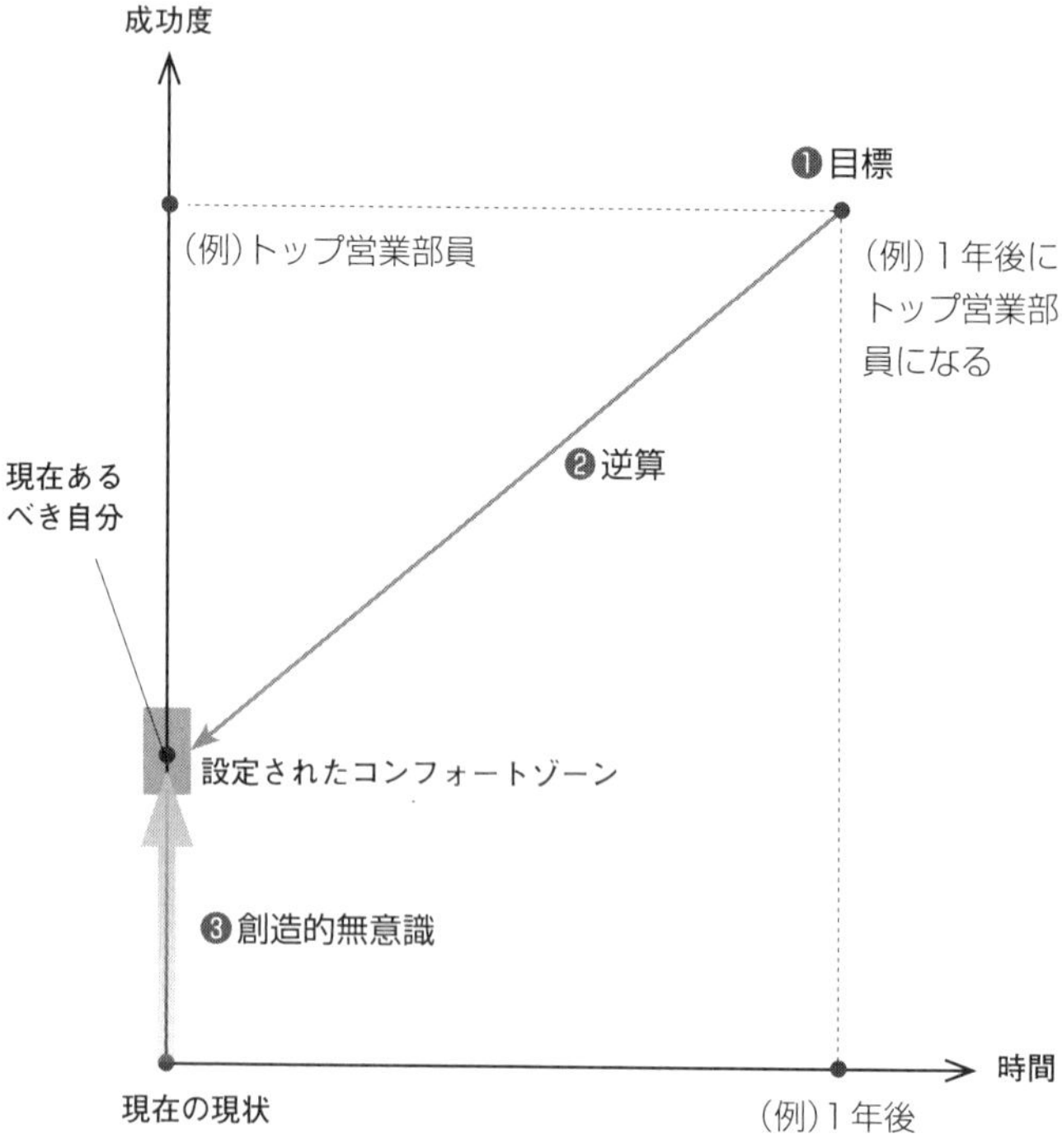

❶高い目標を立てる。

❷目標から「現在あるべき自分」を逆算し、リアルにイメージする。

❸自然に創造的無意識がはたらく。

て、「現在あるべき自分」へと引き上げてくれます。

人間の無意識には、自分がコンフォートゾーンにいないと居心地悪く感じ、コンフォートゾーンへと移動しようとする性質があるのです。このようなはたらきを、**創造的無意識**といいます。

◉目標は高く、イメージはリアルに

「現在あるべき自分」は、未来の目標からの逆算で決まります。**目標はできるだけ高いほうがよい**でしょう。

サーモスタットでも、室温と設定温度との差が小さいときは、冷暖房がはたらかないのでした。現状と設定されたコンフォートゾーンとの差が大きいほど、創造的無意識は強くはたらきます。ですから、「とりあえずノルマクリア」といった目標よりも、「ヘッドハンターから狙われるほど優秀な営業部員」などのほうが、モチベーションは高まります。

また、その目標をもとにコンフォートゾーンを設定するとき、「トップになれたらいいなあ」程度のイメージではいけません。「なれたらいいなあ」には、「本当はなれないんだけど」という否定的な意味が含まれてしまい、無意識はそれを敏感に感じ取ります。

「私はすでにトップを取れる営業部員だ」と、「現在あるべき自分」としてリアルに思い描いてください。訪問するたびに次々に契約を取る自分や、上司に強く期待されている自分や、後輩たちからひっきりなしにアドバイスを求められる自分を、**細部まで臨場感をもってイメージする**のです。

この方法は、「とにかく努力しろ」「必死で頑張れ」といった精神論とは真逆です。目標を設定し、そこから逆算した「現在あるべき自分」をイメージするだけで、無意識が勝手にモチベーションを上げてくれるのです。

ここで紹介したメソッドは、いってみれば、自分を洗脳する方法です。自分をプラスの方向に洗脳できれば、営業で最高のパフォーマンスを発揮できるでしょう。

Epilogue

本当の自己実現とは何か

外回り行ってきまーす
サボるなよ
あんなことしか言えないんですかね
まあね～
あの日から――
私はずっと考えている
お前は今のままで満足なのか？

え…？
お前の本当の目標…
本当の自己実現って何だ？
どうしたの急に
会社の中で決められた仕事をこなしていくのが本当にやりたいことなのか？
……………
まあじっくり自分で考えてみろ
本当の自己実現…
本当にやりたいこと
それって…

何なんだろう?
今日も雑談のネタ仕込み
……?
社長室
スウェーデンのクリーンサービス?
民間のハウスクリーニングと介護事業が連携して
高齢者の生活の質を上げているという記事です

なるほど
わが社もこれをお手本にできないでしょうか？
というと？
見てくださいその写真の笑顔
このような事業が展開できれば「お掃除を通して心もきれいに」のモットーを形にできるのではないでしょうか？
…たしかに
でも みんなが賛成してくれるとは限らない
特に株主の営業部長が…
その件で実は
もうひとつご相談が…

会議室
そんな新規事業など必要ない！
むしろリスクが大きい
バンッ
営業部は反対です
ご立派な事業でも営業が動かないと成立しません
私は 本当にやりたいことをやるべきだと思います
何を出すぎたことを！
あなたはいち営業部員でしかないんですからね
あの…
私は社長に賛成です

では これを…
辞表
!?
何だ それは
私は会社を辞《や》めます
はあ!?
そして営業代理店を立ち上げます
そうすれば営業部から独立して新規事業の営業を請《う》け負えますよね
きっ 気はたしかか!?
ザワ ザワ
そんなことできるわけ…

栗原さんの実力は十分です
それに彼女は営業を通してさまざまな人と会い自分を高めてきました
本当の営業のプロは経営者に一番近いんです
しかしなぜそこまでして…
篠原部長
私たちは先代社長
――あなたのお父様のことを考えて新規事業進出を提案しているのです
え？
私の夢は 先代の掲げたモットーを形にして
先代にご報告すること
きっと先代も喜んでくださるはずです
……

そしてこれからは栗原さんのようなケースを 積極的に応援するつもりです
負けないよう頑張ってくださいね
は…
はい…
こうして私は営業専門の個人事業主になり
社長の主導する新規事業の営業を担当することに
与えられた仕事をこなすだけではなく
やりたい仕事をつくり出して取り組むことができる

会社での経験と人脈のおかげで何とかやっていけそうだ
そして今の私は「営業は『洗脳』だ」という言葉の意味がわかる気がする
お客さんの本当のハッピーを見つけ出し――
心の底から喜んでもらえるようにすること
そんな営業という仕事が
私は大好きだ！
今度の夏休み一緒に旅行しましょうよー

いいね 行こう行こう
それって…
新婚旅行なんだけど…
サンフランシスコとかどうですか？
うーん 英語できないけど…
よーし それじゃ
ニカッ
これから英語脳の特訓だ
英語は脳で学べ!!
次世代「英語脳」をつくる脳科学
機能脳科学者 カーネギーメロン大学博士
栗原 秀斗
天才脳科学者がついに語学学習の秘密を解き明かす!!
「脳で学べば、英語は必ず身につきます！」
BYZO
定価 本体1,300円(税別)
え――――!!?

Epilogue
解説

営業の仕事の先に、最高の目標を

◉「洗脳」営業術の本当の意味

本書では「洗脳」営業術と銘《めい》打ち、営業で結果を出すためのさまざまなテクニックを紹介してきました。ここで、「営業は『洗脳』だ」ということの意味について考えてみましょう。

意外に思われるかもしれませんが、人間は多くの場合、「自分は本当は何を求めているのか」を知りません。無意識が「ハッピーな未来」のために何かを必要としていても、意識は目をそらしていることがよくあります。つまりお客様は、「自分は何を買いたいのか」「何を買えばハッピーになれるのか」をわかっていないのです。

ですから、お客様と向き合った営業部員は、**相手よりもひとつ高い抽象度**に立って、相手の本当の望みを理解してあげましょう。その上で自分の商品を、**お客様のハッピーへの架《か》け橋**として売ってあげるのです。そうすれば、お客様は自分の本当の望みに気づき、心の底から喜んでくれます。そして、ハッピーへの道を示してくれたあなたに感謝し、全幅《ぜんぷく》の信頼を置いてくれるでしょう。

舌先三寸《したさきさんずん》の「催眠」営業では、お客様を本当のハッピーへと導《みちび》いていくことはできません。お客様の無意識は不安を感じつづけます。一方「洗脳」営業術は、お客様の無意識まで完全に満足させます。「洗脳」としての営業は、とてもやりがいのある仕事だと思いませんか？

◉営業の仕事には、こんな「隠れた魅力」があった！

営業の仕事には、ほかにも非常に大きな魅力が隠れています。

一般的に、会社組織においては多くの場合、営業経験者が社長になっています。というのも、営業の仕事は会社の売上をコントロールするものですから、社長の仕事に通じています。また、営業の仕事は人的ネットワークを豊富にしますが、これも社長に不可欠の要素です。**営業は最も社長に近く、出世の可能性が高い**のです。

それだけではありません。営業の仕事は、あなたを人間的に成長させてくれます。営業をしていると、ある程度の成功を収めた人たちと会う機会があります。すでに自己実現した人と会うことで、ホメオスタシス同調が起こり、**あなたも自己実現に近づいていきます**。さらに、成功者のメンタリティを、直《じか》に知ることもできます。

あなた自身にとっても営業は、とても有意義な仕事なのです。

◉営業を通して、本当の自己実現へ

最後に、さらに思考の抽象度を上げて、**ひとりの人間としての自己実現**について考えてみたいと思います。

自己実現とは簡単にいえば、「なりたい自分になること」「やりたいことができる自分になること」です。しかし、本当の「やりたいこと」とは何でしょうか？

前章で、目標を設定することの重要さを解説しましたが、そのとき、「営業の仕事で好成績を出すこと」「トップ営業部員になること」などを目標にした人は多いと思います。けれども、それらは本当に、あなたにとって心の底からやりたいことなのでしょうか。

最初にこういう目標を立てることは大事です。しかし、どんな人にとっても、「会社で成功すること」が人生全体の目標であるはずはないのです。それが終着点だとは思わないでください。

ひとつの目標を達成したとき、さらに高い目標が見えてきます。それをくり返すうちに、「これこそ本当の自己実現だ」といえる、**最高の目標**が見つかるでしょう。それが何であるかは、本当に人それぞれなのですが（私の場合、「世界から差別と戦争をなくすこと」です）、会社での成功に止《とど》まらないものであるはずです。

それでも、会社や資本家や権力者は、「会社での成功があなたの自己実現だ」と洗脳してきます。「会社こそ自己実現の場である」という論理は、資本家が労働者を搾《さく》取《しゅ》するのに便利なものです。そして人々が会社によって飼い馴《な》らされて従順になれば、権力者がコントロールしやすいわけです。

会社は、資本家が資本主義の中で利潤《りじゅん》を追求するためにあるものです。従業員は、その目的のための道具でしかありません。そして、現在の日本で資本主義というシステムが採用されている以上、それは社会的に「正しい」ことなのです（ただし私は、地球環境の破壊などで人間を不幸にする資本主義システムを、早くやめるべきだと考えているのですが）。

いずれにせよ、**会社に依存しない自分を確立すること**が大事です。自己実現は会社の外にしかありませんが、自己実現のために意識的に会社を利用するのはかまいません。営業の仕事を通して生活の糧《かて》を手に入れ、人間としての力をつけていきましょう。そして蓄えたものを使って、あなた自身の自己実現をするのです。あなたが本書のテクニックを駆使して、自由に自己実現していかれることを祈っています。

◆プロフィール

【著者】苫米地 英人（とまべち ひでと）

1959年、東京生まれ。認知科学者（計算言語学・認知心理学・機能脳科学・分析哲学）、計算機科学者（計算機科学・離散数理・人工知能）。カーネギーメロン大学博士（Ph.D.）、同CyLab兼任フェロー、株式会社ドクター苫米地ワークス代表、コグニティブリサーチラボ株式会社CEO、角川春樹事務所顧問、中国南開大学客座教授、全日本気功師会副会長、米国公益法人The Better World Foundation日本代表、米国教育機関TPIインターナショナル日本代表、天台宗ハワイ別院国際部長、財団法人日本催眠術協会代表理事、聖マウリツィオ・ラザロ騎士団大十字騎士。

マサチューセッツ大学を経て上智大学外国語学部英語学科卒業後、三菱地所へ入社。2年間の勤務を経て、フルブライト留学生としてイエール大学大学院に留学、人工知能の父と呼ばれるロジャー・シャンクに学ぶ。同認知科学研究所、同人工知能研究所を経て、コンピュータ科学の分野で世界最高峰と呼ばれるカーネギーメロン大学大学院哲学科計算言語学研究科に転入。全米で4人目、日本人として初の計算言語学の博士号を取得。

帰国後、徳島大学助教授、ジャストシステム基礎研究所所長、同ピッツバーグ研究所取締役、通商産業省情報処理振興審議会専門委員などを歴任。

現在は米国認知科学の研究成果を盛り込んだ能力開発プログラム「PX2」「TPIE」を日本向けにアレンジ。日本における総責任者として普及に努めている。

著書に『仮想通貨とフィンテック』『苫米地博士の「知の教室」』『ビジネスで圧勝できる脳科学』（サイゾー）、『「感情」の解剖図鑑』（誠文堂新光社）、『残り97%の脳の使い方』（フォレスト出版）、『すべてを可能にする数学脳のつくり方』（ビジネス社）、『あなたの収入が必ず増える!! 即断即決「脳」のつくり方』（ゴマブックス）、『もうこれ以上、人間関係で悩まない極意』（TAC出版）、『40歳から「差がつく」生き方』（PHP研究所）、『全速脳』（宝島社）など多数。

苫米地英人 公式サイト ▶ http://www.hidetotomabechi.com/
ドクター苫米地ブログ ▶ http://www.tomabechi.jp/
Twitter ▶ http://twitter.com/drtomabechi (@DrTomabechi)

【作画】柏屋 コッコ（かしわや こっこ）

漫画家、イラストレーター。1990年、「ぶ〜け」（集英社）にてデビュー。ギャグからホラー、シリアスからコメディまで、さまざまなジャンルを執筆。

代表作『柏屋コッコの人生漫才』（集英社）、『離婚同居』（新潮社）など多数。

まんが苫米地式01 「洗脳」営業術
2017年11月15日 初版第1版発行

著　　　者　苫米地英人
作　　　画　柏屋コッコ
編集・デザイン　ユニバーサル・パブリシング株式会社
発 行 者　揖斐憲
発 売 所　株式会社 サイゾー
〒150-0043　東京都渋谷区道玄坂 1-19-2-3F
電話　03-5784-0790
印刷・製本　中央精版印刷株式会社

ISBN 978-4-86625-095-3